Renger | Buddhismus. 100 Seiten

AF630165

* Reclam 100 Seiten *

ALMUT-BARBARA RENGER, geb. 1969, ist eine international anerkannte Religionswissenschaftlerin. Heute lehrt sie an der Universität Basel. Zuvor war sie Professorin für Antike Religion und Kultur sowie deren Rezeptionsgeschichte in Berlin. Seit über zwei Jahrzehnten beschäftigt sie sich intensiv mit dem Buddhismus – in Forschung, Lehre und im Austausch mit Menschen aus aller Welt.

Almut-Barbara Renger

Buddhismus. 100 Seiten

Reclam

Für Klara, Johannes und Ferdinand

Der Verlag behält sich die Verwertung der urheberrechtlich geschützten Inhalte dieses Werkes für Zwecke des Text- und Data-Minings nach § 44b UrhG ausdrücklich vor. Jegliche unbefugte Nutzung ist ausgeschlossen.

2020 Philipp Reclam jun. GmbH & Co. KG,
Siemensstraße 32, 71254 Ditzingen
info@reclam.de
Umschlaggestaltung nach einem Konzept von
zero-media.net, München
Infografik (S. 13): © Schwochow Visual Stories GmbH, Berlin
Bildnachweis: S. 7: Wikimedia Commons / Tevaprapas;
S. 26, 32, 72: Almut-Barbara Renger; S. 50: Wikimedia Commons / ArnoldBetten; S. 93: photodharma.net / Anandajoti Bhikkhu;
Autorenfoto: © Barbara Renger
Umschlagmaterial: Creative Print, Schabert
Druck und Bindung: Elanders Waiblingen GmbH,
Anton-Schmidt-Straße 15, 71332 Waiblingen
Printed in Germany 2025
RECLAM ist eine eingetragene Marke
der Philipp Reclam jun. GmbH & Co. KG, Stuttgart
ISBN 978-3-15-020438-2
reclam.de

Für mehr Informationen zur 100-Seiten-Reihe:
reclam.de/100Seiten

Inhalt

Prolog: Innehalten im Wandel stetiger Veränderung

Der Buddhismus ist ein lebendiger Teil der Weltkultur. Nachdem er über zwei Jahrtausende lang hauptsächlich in Asien verbreitet war, hat er am Beginn des 21. Jahrhunderts Fuß auf fast allen Kontinenten gefasst. In einer religiös und weltanschaulich pluralistischen Welt, in der er sich, wie andere missionierende Religionen, an alle Menschen richtet, wird er auch im sogenannten Westen – insbesondere in Europa und Nordamerika, Australien und Neuseeland – immer beliebter. Die Zahl derer, die ihm weltweit folgen, wird auf rund eine halbe Milliarde geschätzt.

Dabei gibt es *den* Buddhismus, das sei vorausgeschickt, ebenso wenig wie *das* Christentum oder *den* Islam. Es handelt sich vielmehr um ein Gefüge von Bewegungen und Traditionen, das, in seinem beständigen Wandel, der Grundidee der buddhistischen Lehre entspricht: Nichts auf der Welt hat Bestand, alles ist veränderlich.

Die Veränderlichkeit, mit der sich der Buddhismus auseinandersetzt, zeigt sich auch in Europa, wo buddhistische Ideen und Philosophie seit über 300 Jahren bekannt sind. Die Europäer näherten sich dem Buddhismus zunächst über Textlektüren denkerisch-intellektuell an. Doch nach dem Zweiten Weltkrieg entwickelte sich seine Aneignung in eine erfahrungsbetont-pragmatische Richtung. Heute wird er in den Medien und der Breite der Gesellschaft vor allem mit Meditationsformen wie Zen und Vipassana oder der davon abgeleiteten Achtsamkeitsbasierten Stressreduktion (MBSR) in Verbindung gebracht, die von Schulen bis in die Wirtschaft hinein Anwendung findet. Damit einher geht eine große Sichtbarkeit buddhistischer Bildsprache und -ästhetik in der Populär- und Alltagskultur. Buddha-Statuen in der Einrichtungs- und Wohnkultur zum Beispiel sind Teil des gesellschaftlichen Mainstreams geworden. Ihre Beliebtheit als exotisierender Dekor in privaten und öffentlichen Räumen verweist darauf, wie fließend die Grenzen zwischen Religion und Popkultur, Privatheit und Öffentlichkeit, Religiösem und Nichtreligiösem bisweilen sind.

Sehr viel weniger sichtbar dagegen ist die gelebte Religiosität des Buddhismus mit ihren kultischen Handlungen und Glaubensgeschichten, die sich um den Buddha und andere buddhistische Heilsgestalten ranken: Zwar sind Reliquienverehrung, Bilderkult und Pilgerwesen, Rituale zwecks Heilung und Schadensabwehr, Bitt- und Dankgebete für Ahnen und der reiche buddhistische Schatz an Mythen und Legenden das, was bis heute in Asien das Gesicht des Buddhismus prägt. Doch außerhalb dieses Kontinents, in der Bundesrepublik Deutschland etwa, werden sie in Medien und Öffentlichkeit kaum wahrgenommen.

Die Gründe dafür liegen nicht zuletzt in der Geschichte des Buddhismus im Kontext europäischer Entdeckungsreisen und des Kolonialismus. Durch die Erschließung buddhistischer Texte, die im 19. Jahrhundert zum Beispiel aus Tibet, Nepal

Zur Schreib- und Zitierweise

Über den Buddhismus lässt sich in einer europäischen Sprache nicht ohne zentrale buddhistische Begriffe schreiben. Dies geschieht im vorliegenden Text in international üblicher wissenschaftlicher Umschrift. Dabei werden die kursivierten Fachausdrücke, sofern sie nicht eindeutig chinesischer, japanischer oder tibetischer Herkunft sind, in ihrer Sanskritform wiedergegeben. Schreibweisen in anderen Sprachen werden alternativ oder zusätzlich angeführt, wenn ein jeweiliger Bezug gegeben ist.

Da die 26 Buchstaben des deutschen Alphabets zur Wiedergabe der größeren Zahl von Schriftzeichen in den asiatischen Sprachen nicht ausreichen, erscheinen die Begriffe mit Diakritika: Ein Querbalken über einem Vokal dient zum Beispiel als Dehnungszeichen. Ausnahmen bilden Namen von Göttern, Personen und Orten sowie Begriffe wie ›Sutra‹, ›Karma‹ und ›Nirwana‹, die inzwischen Teil der deutschen Sprache sind oder im Text zuvor eingeführt wurden: Sie sind in der im Deutschen geläufigen vereinfachten Sanskrit-Schreibweise ohne angefügte Zeichen belassen.

Bei näheren Angaben zu Passagen aus dem Pali-Kanon sind die Abteilungen (*nikāya*), in denen die Texte kompiliert sind, abgekürzt in runden Klammern angegeben.

Abkürzungen:

DN: *Dīgha Nikāya*
MN: *Majjhima Nikāya*
SN: *Saṃyutta Nikāya*
Lv.: *Lalitavistara*

chin.: Chinesisch
jap.: Japanisch
p.: Pali
skt.: Sanskrit
tib.: Tibetisch

und Ceylon nach Europa gelangten, entwickelte sich im Austausch zwischen den Kontinenten ein Diskurs, in dem sich ›*der*‹ Buddhismus als Gegenstand herausbildete. Dabei versuchten asiatische Mönche und gebildete Laien, buddhistische Lehrinhalte und Praxiselemente in Einklang mit westlichen, modernen Konzepten zu bringen. Zugleich begaben sich europäische Gelehrte, ähnlich wie die historisch-kritische Jesusforschung in Schriften des Urchristentums nach Jesus von Nazareth forscht, auf die Suche nach dem historischen Buddha und den Anfängen des Buddhismus. Philip C. Almond beschreibt in *The British Discovery of Buddhism* (1988) ausführlich, wie die neu entdeckte Religion im Laufe dieser Suche immer mehr in frühen Texten verortet wurde, die in der Kolonialzeit gesammelt, herausgegeben und übersetzt wurden: Unter Bezug auf Inhalte, die als Worte des »Stifters« galten, wurde ein »wahrer Kern«, eine »ursprüngliche« Form des Buddhismus konstruiert. Ihr gegenüber galten die meisten Glaubens- und Praxisformen in Asien als verfälscht.

Diese Konstruktion des Buddhismus mit ihrer Marginalisierung zentraler asiatischer Erscheinungsformen ist bis heute wirkmächtig – und erschwert den Zugang zu dem, was den Buddhismus ausmacht: Vielfalt durch Veränderlichkeit. Wollen wir den Buddhismus verstehen, ist es von Vorteil, den Blick auch auf Formen gelebter Religiosität zu richten, die auf den ersten Blick befremdlich anmuten mögen, anstatt sie auszublenden oder gar aus einer ›modern-säkularen‹ Perspektive als rückständig abzutun. Dies gilt zumal dann, wenn wir in einer multiethnischen und multireligiösen Gesellschaft leben, die vor der Aufgabe steht, Andersheit anzuerkennen und Diskriminierung entgegenzuwirken. Der weltweite numerische Zuwachs des Buddhismus beruht zu einem Großteil auf Eingewanderten und Geflüchteten, die in asiatischen Kult- und Glaubensimporten Sinn und Identität finden.

Mit dem Folgenden möchte ich dazu anregen, einseitige westliche Ansichten über ›den‹ Buddhismus als »Religion, die eigentlich keine Religion« ist, zu hinterfragen. Dabei bieten die 100 Seiten lediglich eine kleine, durch persönliche Interessen und Erlebnisse bedingte Auswahl: Momentaufnahmen und Stationen des Innehaltens im dynamischen Wandel steter Veränderung dessen, was heute unter dem Sammelbegriff »Buddhismus« zusammengefasst wird.

Vom Bodhibaum zum modernen Buddhismus

Das Erwachen des Buddha

Seinen Anfang nahm alles, so wird erzählt, vor etwa 2500 Jahren im nordostindischen Uruvela (heute Bodhgaya). Es geschah unter einer Pappelfeige, mit botanischem Namen Ficus religiosa: Siddhartha Gautama, der ›Prinz‹ aus dem Clan der Shakya, damals 35 Jahre alt, erlangte das große »Erwachen« (*bodhi*) und damit seine Befreiung aus dem leidhaften Dasein im »Kreislauf der Wiedergeburten« (*saṃsāra*). Er wurde zum Buddha, zum »Erwachten« – und war fortan im Besitz vollkommener Erkenntnis des Weltgesetzes oder Dharma (*dharma*; p. *dhamma*), in dessen Zentrum die Möglichkeit des Übergangs von Samsara zu Nirwana steht. Bald darauf hielt er in einem Gazellenhain in Sarnath bei Benares seine erste Lehrrede, mit der er »das Rad der Lehre« (*dharmacakra*; p. *dhammacakka*) in Gang setzte, und legte mit der Gründung des Sangha den Grundstein für die Geschichte des Buddhismus.

Es ist dieses Stiftungs- und Gründungsnarrativ, das die Wurzel des Buddhismus bildet. Buddhistinnen und Buddhisten aus aller Welt – Mönche, Nonnen und Nicht-Ordensmit-

Buddha-Statue aus der Kunstschule von Sarnath, Sandstein, 155 × 87 × 27 cm, Gupta-Zeit (ca. 500 n. Chr.). Sarnath Museum, Sarnath (Indien). Der Buddha setzt das »Rad der Lehre« in Gang. Darauf verweisen die beidhändige Geste (*mudrā*; p. *muddā*) und das Rad in zentraler Position unterhalb des Thronsitzes, das von den ersten fünf Schülern, einer Frau mit Kind und, als Hinweis auf den Ort, zwei Gazellen flankiert wird.

glieder des Sangha, für die auch der Begriff »Laien« üblich ist – beziehen sich darauf, wenn sie »Dreifache Zuflucht« (*triśaraṇa*; p. *tisaraṇa*) nehmen zu den »Drei Juwelen« (*triratna*; p. *tiratana*). Damit gemeint ist, Bekenntnis davon abzulegen, dass sie sich auf Buddha, Dharma und Sangha verlassen, um zu Befreiung aus dem leidhaften Dasein zu gelangen. Dieses Narrativ ist über zweieinhalbtausend Jahre auf viele verschiedene Weisen erzählt und mit religiösen Handlungen verbunden worden – in kulturell so unterschiedlichen Ländern und Teilen der Welt wie Indien und Thailand, Korea und Tibet, Südamerika und Südafrika.

Dabei haben sich seit jeher an Gautama (p. *Gotama*), der aufgrund seiner Herkunft auch als »der Weise der Shakyas« (*Śākyamuni*; p. *Sakyamuni*) bekannt ist, ungezählte Geschich-

Der Sangha – Mönche, Nonnen und Nicht-Ordensmitglieder

Laut Überlieferung erlangten in Sarnath die ersten fünf Hörer die vollkommene Erkenntnis, und der Buddha ›ordinierte‹ sie als Mönche (*bhikṣu*; p. *bhikkhu*), womit der buddhistische »Orden« (*saṃgha*; p. *saṅgha*) gegründet war. In einem engeren Sinne bezeichnete der Begriff Sangha (›Versammlung, Gemeinschaft‹) zunächst nur die Mönche und später Nonnen (*bhikṣuṇī*; p. *bhikkhunī*). Im weiten Verständnis umfasst er auch die Laienanhänger (*upāsaka*) und Laienanhängerinnen (*upāsikā*), die Zuflucht zu den »Drei Juwelen« genommen und sich verpflichtet haben, ein ethisches Leben auf Basis der »Fünf Gebote« (*pañcaśīla*; p. *pañcasīla*) zu führen: nicht zu töten, nicht zu stehlen, sexuelles Fehlverhalten zu vermeiden, nicht zu lügen und keine berauschenden Getränke zu sich zu nehmen. Novizen und Novizinnen befolgen zehn Regeln, Mönche je nach Tradition 227, 250 oder 253 Regeln, Nonnen 311, 348 oder 364 Regeln.

ten geheftet; und es entstanden Lebensgemeinschaften und »Schulen« (*vāda*) mit jeweils spezifischen Lehren und Kultpraktiken. An sie knüpfen sich wiederum verschiedene Buddha-Vorstellungen, Gautama ebenso wie andere Figuren betreffend. Nach buddhistischer Ansicht ist der Buddha keine singuläre Erscheinung, sondern es gibt viele Buddhas. Darunter sind Vorläufer von Shakyamuni, vorzeitliche, nicht historisch belegte Buddhas, von denen er als der historische Buddha, der letzte, der auf der Welt erschien, unterschieden wird, und solche, die ihm in Zukunft folgen, als nächster der Buddha Maitreya (p. *Metteyya*). Sie alle weisen den Weg aus dem Daseinskreislauf, der buddhistischem Verständnis nach deshalb leidhaft ist, da der unaufhörliche Wandel, den er beinhaltet, nicht als positiv, sondern als zutiefst unbefriedigend empfunden wird: Glück ist nie beständig, alle schönen Phasen im Leben vergehen, jeder Mensch wird alt, erkrankt und stirbt.

Wer sich dem *Buddh*ismus zugehörig fühlt, glaubt, dass ein Buddha den Menschen in der Überwindung dieser leidhaften Existenz Vorbild und Beispiel ist. ›Buddha‹ bedeutet ›erwacht‹ und ist, wie die Überlieferung zu Gautama veranschaulicht, sowohl eine Beschreibung als auch ein Ehrentitel. Er bezieht sich bei Gautama auf die Zeit nach dem, was mit *bodhi* (dem Verbalnomen zu *buddha*) bildhaft als ›Erwachen‹ bezeichnet wird, um zu vermitteln, dass ihm die Erkenntnis ›die Augen geöffnet‹ hat. Buddhistischem Glauben nach ist Gautama in der Nacht unter dem Ficus, später *Bodhi*baum (›Baum des Erwachens‹) genannt, in drei Schritten die richtige Perspektive auf die Welt und ihre Wirklichkeit aufgegangen: Erst wurde er seiner eigenen früheren Leben gewahr. Dann durchschaute er alle Existenzen infolge des überall wirksamen Gesetzes der Tatvergeltung (Karma). Und schließlich erkannte er die Wurzeln des menschlichen Verhängnisses und verstand, wie man dem Leiden (*duḥkha*; p. *dukkha*), das im welthaften Dasein unausweichlich ist, letztlich doch – endgültig – entfliehen kann.

Die Details dieser Erkenntnisse variieren in den Quellentexten. Mal werden sie als die vier »Edlen Wahrheiten« über das Leiden geschildert, die auch Gegenstand seiner ersten Lehrrede sind (siehe S. 37). Mal ist es das Wissen darüber, wie die unheilvollen »Einströmungen« (*āśrava*; p. *āsava*), die auf den Geist einwirken, ausgelöscht werden können. Mal wird die zwölfteilige Reihe des »Entstehens in Abhängigkeit« (siehe S. 77) angeführt. Entscheidend ist das Ergebnis: Gautama ist erlöst vom Unheilszusammenhang der drei »Geistesgifte« beziehungsweise unheilsamen »Wurzeln« (*mūla*) Gier, Hass und Unwissenheit, die als die hauptsächlichen »Befleckungen« (*kleśa*; p. *kilesa*) des Geistes gelten und das Rad der Wiedergeburt in Bewegung halten. Er ruht frei von jedwedem Begehren in der inneren Gewissheit, mit dem Tod endgültig zu vergehen. Eine neue Geburt wird nicht mehr stattfinden.

In diesem Sinne steht der Buddha sowohl für die *Einsicht* in den Leidzusammenhang der Welt, seine Ursache und seine Auflösung als auch für den *Weg*, der aus dem Leiden herausführt. Das Vertrauen, das Buddhistinnen und Buddhisten in ihn setzen, speist sich daraus, dass sich sein Erkennen nicht nur auf intellektueller Ebene vollzog, sondern ihm zur Erfahrung wurde – und er hernach aus dieser Erfahrung lebte, was er lehrte. Lehrer und Lehre sind im Buddhismus eins. Gautama selbst formulierte diesen Grundsatz am Ende seines Lebens, als er erklärte, nach seinem Dahinscheiden seien seine Lehre und die Ordensregeln als Lehrer anzusehen.

Diese Anweisung, die das *Mahāparinibbāṇa Sutta* des Pali-Kanon (DN 16,6,1) überliefert, ist für Buddhistinnen und Buddhisten höchst bedeutsam: Für sie lebt der Buddha in der Überlieferung weiter. Aus ihr geht klar hervor, was förderlich, ja was zu tun und was zu lassen ist, um zum grundlegenden Perspektivenwechsel eines Buddhas zu erwachen. Buddhistisches Streben gilt dem Ziel, diese klare Sicht zu erlangen und mit ihrer Hilfe jedwedes Geistesgift zu überwinden, Karma auszulöschen und die Wanderung durch die Existenzen zu beenden.

In diesseitiger Ausrichtung beinhaltet diese Vision ein Leben in dem stillen, leuchtenden Gleichmut, den wir mit dem typischen, in sich gekehrten Gesichtsausdruck von Buddha-Darstellungen (die Augenlider halb geschlossen) verknüpfen: Während der unerlöste Mensch leidet, weil er mit Unliebem vereint ist, von Geliebtem getrennt wird und Begehrtes nicht erlangt, ist der verwirklichte »Erwachte« von alledem frei. Welchen Herausforderungen auch immer er begegnet: Er ruht in einem Zustand absoluten Friedens und absoluter Wunschlosigkeit, in dem Gier, Hass und Unwissenheit, die den Nährboden für alle unheilsamen Handlungen auf geistiger, verbaler und körperlicher Ebene bilden, überwunden sind.

Buddhismus und Moderne

Wenn auch Erlösungsbedürftigkeit in diesem Sinne der gemeinsame Nenner aller Traditionen ist, die sich seit dem Wirken des Buddha gebildet haben, sind doch ihre Unterschiede so groß, dass die Forschung angeregt hat, man solle von Buddhismen sprechen. In den 2500 Jahren, in denen buddhistische Vorstellungen und Glaubensinhalte in immer neue Gesellschaften und Kulturen fanden, hat sich die Überlieferung ständig verändert. Vieles davon ist wiederum selbst Tradition geworden. Es hat einen Platz in Glaubenssätzen und Philosophien erhalten, ist zu Regeln und Vorschriften geronnen, hat Ausdruck in Architekturen und Artefakten gefunden und sich zu Gebeten und Gesängen verschiedener Strömungen, Schulrichtungen und Traditionslinien verdichtet. Sie alle gehen mit dem Problem der Leidhaftigkeit menschlicher Existenz und seiner Lösung jeweils unterschiedlich um.

Einmal mehr befördert wurde die komplexe Gemengelage durch Entwicklungen in der Moderne. Zwar sind wohl bereits in der Antike und Spätantike buddhistische Anschauungen vereinzelt auf Wegen von Indien über Baktrien bis nach Alexandrien gelangt – und später durch Handelsreisende wie Marco Polo (1254–1324) und Missionare wie Matteo Ricci (1552–1610) nach Europa. Doch in der westlichen Hemisphäre Fuß gefasst hat der Buddhismus erst durch kolonialistisch bedingte Begegnungsszenarien des 19. Jahrhunderts.

Infolgedessen ist der Buddhismus im 21. Jahrhundert aus der religiös-weltanschaulichen Landschaft Europas nicht mehr wegzudenken. Dabei fällt sein Erscheinungsbild mitunter vielfältiger aus als in asiatischen Ländern. Ist er doch, anders als in Asien, in Europa innerhalb *eines* Landes, ja *einer* Stadt, oft in seiner ganzen Bandbreite süd- und ostasiatischer wie tibetisch-mongolischer Traditionen vertreten. In dieser Pluralität am stärksten präsent ist er in Frankreich. In Österreich genießt er seit über 30 Jahren Anerkennung als Körperschaft des öffentlichen Rechts, und auch in Deutschland bildet der Buddhismus die erklärte Religion von, je nach Statistik, 200 000 bis 300 000 Menschen. Ihr Dachverband ist die Deutsche Buddhistische Union (DBU). Sie ist wiederum Mitglied der Europäischen Buddhistischen Union (EBU), die 1975 als Dachorganisation nationaler, später auch anderer buddhistischer Organisationen, Zentren und Gruppen in Europa gegründet wurde.

Besondere Anziehungskraft hatte der Buddhismus in Europa zunächst für Intellektuelle, namentlich Künstler und Philosophen verschiedenster Richtungen, die in ihm eine Alternative zum Christentum sahen. Zu den frühesten Befürwortern zählen etwa der Dichter Friedrich Schlegel (1772–1829), der meinte, in Sanskrittexten die verlorene, authentische Spiri-

Wie viele Buddhisten und Buddhistinnen gibt es in westlichen Ländern?

Land	absolute Zahl 2000/2001	absolute Zahl 2010/2014	Anteil an der Gesamtbevölkerung (in Prozent)
England und Wales	144 500	247 700	0,28 / 0,44
Deutschland	160 000	270 000	0,2 / 0,33
Schweiz	22 300	34 700	0,29 / 0,52
Österreich	10 400	25 000	0,1 / 0,29
Frankreich	k. A.	770 000	k. A. / 1,2
Spanien	30 000	50 000	0,06 / 0,1
Italien	k. A.	257 000	k. A. / 0,42
USA	1 082 000	2 242 000	0,52 / 0,7
Kanada	300 300	366 800	1 / 1,12
Brasilien	214 800	244 000	0,13 / 0,13
Südafrika	30 000	100 000	0,07 / 0,2
Australien	357 800	529 000	2,02 / 2,46

Quelle: Martin Baumann, »Geschichte und Analyse der Anpassung und Etablierung des Buddhismus in Ländern außerhalb Asiens«, in: Manfred Hutter (Hrsg.), Der Buddhismus III. Ostasiatischer Buddhismus und Buddhismus im Westen, Stuttgart 2018, S. 379–462, hier S. 439 f.

tualität Indiens wiederentdecken zu können; der Philosoph Arthur Schopenhauer (1788–1860), der in der buddhistischen Lehre – er sprach von »Buddhaismus« – eine Bestätigung seiner eigenen Philosophie fand; der Pali-Forscher Thomas W. Rhys Davids (1843–1922), der 1881 die Pali Text Society gründete und so substantiell zur wissenschaftlichen Erschließung des Buddhismus beitrug; und der Musiker Anton W.F. Gueth (1878–1957), der von Ceylon, heute Sri Lanka, aus maßgeblich die sich in Deutschland formierende buddhistische Bewegung beeinflusste.

Gueth gehörte zu den ersten buddhistischen Ordinierten europäischer Herkunft. Nach seiner Mönchsweihe 1904 in Birma übersetzte er unter seinem Ordensnamen Nyanatiloka wichtige buddhistische Texte ins Deutsche und gründete 1911 in Südceylon das Kloster »Island Hermitage«, das zu einem Zentrum für europäische Buddhisten in Südasien wurde. Ebenfalls von Ceylon aus wirkte der singhalesische Buddhismus-Reformer David Hewavitarne (1864–1933), der sich selbst Dharmapala (›Dharmaschützer‹) nannte und zu einer Führungsfigur der geistigen Erneuerung des Buddhismus mit Einfluss weit über Asien hinaus wurde.

In diesen Verflechtungsdynamiken, die David L. McMahan in *The Making of Buddhist Modernism* (2008) beschrieben hat, ist ein moderner Buddhismus rationalen Zuschnitts entstanden. Er ist heute – nicht zuletzt dank Zeitungen und Zeitschriften, Film und Fernsehen, Internet und Social Media – weltweit verbreitet. Sein Buddhabild ist das eines rationalen Analytikers, sein Verständnis des Buddhismus das einer Philosophie oder Vernunftreligion.

Diese Sichtweise entstand im Zusammenwirken europäischer Indologen wie Eugène Burnouf (1801–1852) und Hermann Oldenberg (1854–1920), deren Namen für die Entmythologisierung des Buddhismus in der Moderne stehen, mit asiatischen Mönchen und Intellektuellen, denen die populären Formen buddhistischer Religiosität als reformbedürftig erschienen.

Das spirituelle Angebot für den modernen aufgeklärten Menschen, das daraus hervorging, bestimmt die Wahrnehmung des Buddhismus vor allem im Westen bis heute. Praktiken der gelebten Religiosität werden tendenziell als überholt, ja mitunter gar als Abirrungen einer vermeintlich ursprünglichen philosophischen Lehre abgetan. ›Reiner‹ Buddhismus, so heißt es gerne, beruhe nicht auf Glauben, sondern auf Erkenntnis und Erfahrung. Indem er Dogma und Ritual ablehne, ermögliche er jedem einzelnen Menschen, sich mit geeigneten Mitteln wie Meditation eigenverantwortlich zu verändern. Soziales Engagement und die Suche nach Lösungen für globale Probleme wie Umweltzerstörung, Überbevölkerung, Armut und Menschenrechtsverletzung gehören ebenfalls zum modernen Bild des Buddhismus.

Maßgebliche Faktoren dieser Entwicklung sind die gesellschaftlichen Megatrends Individualisierung, Säkularisierung und Kommerzialisierung. Meditationstechniken, wie sie in der globalen Achtsamkeitsbewegung vermittelt werden, legen den Akzent auf Individuum und Selbsterfahrung. Befürworter eines säkularen Buddhismus wie Stephen Batchelor (geb. 1953) treten für eine ›ursprünglich rationale Lehre des Buddha‹ ein und deuten Glaubensinhalte früher Lehrtexte als behelfsmäßige Zugeständnisse an die damalige Umwelt. Kommerzialisierte buddhistische Bilder und Gegenstände, die einstmals für Rituale gedacht waren, dienen, wie Bekleidung und Möblierung von Privatwohnungen über Bars bis zu Wellness-Oasen bezeugen, als Accessoire. Dadurch sind bestimmte Inhalte und Praktiken des Buddhismus (wie Buddha-Bilder und Meditationsformen) Teil einer »unsichtbaren Religion« im Sinne der Metapher von Thomas Luckmann (1927–2016) geworden. Zwar sind sie als solche durchaus sichtbar, ja erhalten mitunter gar besondere öffentliche, vor allem mediale Aufmerksamkeit. Ihre religiösen Funktionen werden aber zunehmend von nichtreligiösen Strukturen getragen. Aus herkömmlichen Organisationsformen des Buddhismus in andere Kontexte verschoben, treten sie in einer sozialen und kommunikativen Form auf, die nicht mehr als religiös erkennbar ist.

Fahren wir dagegen in buddhistische Länder, erleben wir etwas anderes. Zwar ist der Buddhismus auch dort, je nach Kontext auf andere Weise, Teil des Marktgeschehens, und es lassen sich Rückwirkungen der drei Megatrends beobachten, in denen herkömmlich institutionalisierte Formen des Buddhismus von neuen Formen der Religiosität durchsetzt und um diese ergänzt werden. Letztlich herrschen in Asien aber vom buddhistischen Orden getragene Organisationsformen vor, in denen die Vermittlung von Dogmen, gelebte Religiosität mit Altarpflege, Gebeten und Niederwerfungen, regelmäßige Morgen- und Abendzeremonien sowie öffentliche Feste im Vordergrund stehen. Sie sind integraler Bestandteil einer öffentlich sichtbaren Religion – und dies nicht nur in Ländern, in denen der Buddhismus (wie in Kambodscha, Thailand und Bhutan) Staatsreligion ist.

Auch in der Volksrepublik China etwa gibt es – bedingt durch die Reform- und Öffnungspolitik der Kommunistischen Partei seit 1978 – einen institutionell um den buddhistischen Orden herum organisierten Buddhismus, der von glaubensgeführten Aspekten und Formen religiösen Vollzugs bestimmt ist. Seine öffentliche Sichtbarkeit steigt in dem Maß, in dem er ausdrücklich dem Wohlergehen der Gesellschaft dient und im Einklang mit den Vorgaben und Sicherheitsbestrebungen des Staats steht. So gehört zu den besonders erfolgreichen Akteuren des Wieder- und Neuaufbaus des chinesischen Buddhismus nach der Kulturrevolution der Mönch Jinghui (1933–2013), der die in China traditionsgängige Synthese von Chan-Schule (chin. *Chanzong*) und Reines-Land-Schule (chin. *Jingtu zong*) mit dem Postulat eines lebensnahen, den politischen Gegebenheiten entsprechenden Buddhismus verband. Legitimationsgrundlage seines »Lebens-Chan« (chin. *shenghuo chan*) war das in China gängige Konzept des »humanistischen Buddhismus« (chin. *renjian fojiao*; ›Buddhismus für die Menschenwelt‹), das an reformorientierte Vorbilder des frühen 20. Jahrhunderts anknüpft und den Zweck hat, den Buddhismus an die Moderne anzupassen. Insbesondere lehnte sich Jinghui an die Forderung des Chan-Mönches Taixu (1890–1947) an, ein »Reines Land auf Erden« (chin. *renjian jingtu*) zu verwirklichen, indem er den gelebten »Sozialismus chinesischer Prägung« zu einem solchen erklärte.

Vergleichbare Formen erklärter Weltzugewandtheit sind im chinesischen Buddhismus der Volksrepublik keine Seltenheit, ohne dass dadurch die übliche Klosterpraxis beschnitten oder der Buddha eine rationale Deutung erfahren würde: Der Chan ist in einen devotionalen Tempelkult um den »Buddha des grenzenlosen Lichts« Amituofo (*Buddha Amitābha*) eingebettet, die Geschichte von Shijiamunifo (*Buddha Śākyamuni*) ein Akt im kosmischen Heilsdrama. Darin bemühen sich verschiedene »Erwachte«, die Lebewesen aus dem endlosen, leidvollen Kreislauf von Karma und Wiedergeburt mit seinen Himmeln und Höllen zu retten. Einige dieser Gestalten, wie der Medizin-Buddha Yaoshifo (skt. *Bhaiṣajyaguru*), der alle Krankheiten heilt, sind besonders populär, ihre Kultstatuen fehlen in keinem Tempel. Dazu gehören auch die drei, die regelmäßig um Shijiamunifo gruppiert sind: In seinem Rücken, am Ufer des Meeres meditierend, sieht man Guanyin (skt. *Avalokiteśvara*), Verkörperung des Mitgefühls; zu seiner Linken, auf einem Löwen reitend, Wenshu (skt. *Mañjuśrī*), der Weisheit und Gelehrsamkeit repräsentiert; zur Rechten, auf einem Elefanten, Puxian (skt. *Samantabhadra*), den geistigen Zwillingsbruder Wenshus. Eine weitere populäre Gestalt ist Dizang (skt. *Kṣitigarbha*), Oberherr der Höllenbereiche, der die Menschen aus Pein und Grauen errettet – erkennbar am langen Stab, den er hält. Alle vier werden in China mit einem der vier heiligen Berge identifiziert, die beliebte buddhistische Pilgerstätten bilden: Wenshu mit dem Wutaishan in der Provinz Shanxi, Dizang mit dem Jiuhuashan in Anhui, Puxian mit dem Emeishan in Sichuan und Guanyin mit dem Putuoshan, einer Insel der Provinz Zhejiang.

Zum Erscheinungsbild und der Haltung, in denen diese Kultfiguren dargestellt sind, gibt es überall in Asien, wo sie angerufen werden und Verehrung erfahren, zahllose Glaubensgeschichten. Wie auch die Andachten, rituellen Gesänge und Opfergaben auf Altären und in Räuchergefäßen dienen die Bildnisse dem tiefen menschlichen Anliegen, mit unserem kurzen und oft schmerzlichen Leben zurechtzukommen.

Buddhistische Praxis aus der Nähe

Referenzquellen

Wenn ich im Folgenden den Blick auf derartige Aspekte und Erscheinungsformen des Buddhismus lenke, so stützt sich meine Darstellung auf eine Reihe von Zeugnissen. Zu ihnen gehören Primärquellen und andere Medien der materiellen Kultur, die Innenperspektiven von Buddhisten wiedergeben. Sie stehen unter dem Anspruch, den Weg zur Befreiung vom leidhaften Dasein zu weisen, oder beziehen sich zumindest befürwortend auf ihn. Zudem sind Texte darunter, die eine Außensicht wiedergeben, vor allem wissenschaftliche Sekundärliteratur. Eine Auswahl ist unter den Lektüretipps im Anhang aufgeführt.

Die Mehrzahl der historischen Zeugnisse, die meiner Darstellung zugrunde liegen, stammt aus dem Pali-Kanon. Dabei handelt es sich um eine Sammlung autoritativer Texte jener Schule, die heute als *Theravāda*, »Schule der Alten«, bekannt und insbesondere in Sri Lanka, Myanmar, Thailand, Laos und Kambodscha verbreitet ist. Für die Verwendung dieses Kanons habe ich mich nicht entschieden, weil er, wie häufig behauptet,

Der Pali-Kanon

Der »Pali-Kanon« hat seinen Namen daher, dass seine Texte üblicherweise auf Palmblättern in der Sprache *Pāḷi* verfasst wurden, die man – in Abgrenzung zum Altindischen (Vedisch und klassisches Sanskrit) – zu den sogenannten mittelindischen Sprachen rechnet.

Seine schriftliche Niederlegung erfolgte laut Theravada-Schule gegen Ende des 1. Jahrhunderts v. Chr. in Sri Lanka. Wir wissen aber nicht, welche Texte diese Fassung enthielt – wie überhaupt die Text- und Überlieferungsgeschichte der Sammlung unklar ist und sich ihre schriftliche Kodifizierung nicht genau datieren lässt.

Abgeschlossen wurde die Redaktion erst etwa im 5. Jahrhundert n. Chr. – nach einem jahrhundertelangen Prozess mündlicher und schriftlicher Überlieferung, in dem Texte zusammengestellt, bearbeitet, verändert und erweitert wurden. Manuskripte aus frühen Zeiten sind aufgrund klimatischer Bedingungen kaum erhalten, die meisten sind kaum älter als 300 Jahre.

Die Standardausgabe in knapp 60 Bänden westlichen Buchformats stammt von der Pali Text Society.

einen »authentischeren«, »reineren« Buddhismus überlieferte als andere Sammlungen, sondern schlicht deshalb, weil er mir vertrauter und allgemein gut zugänglich ist.

Insbesondere nehme ich auf Sutras Bezug – literarische Gebilde, die beschreiben, wie der Buddha Mitgliedern seines Ordens, aber auch Vertretern anderer religiöser Gruppierungen und Haltungen begegnete und mit ihnen diskutierte. Sie wur-

Der *Tripiṭaka* (p. *Tipiṭaka*, ›Dreikorb‹)

Aufgrund des Quellenreichtums setzte schon früh eine klassifizierende Unterscheidung und Bündelung buddhistischer Texte ein.

Eine der ältesten Unterscheidungen – und die grundlegendste – ist die zwischen Lehrreden und Texten zum Ordensrecht. Mit Systematisierungen buddhistischer Lehren, die Abhidharma (p. *Abhidhamma*, ›auf den Dharma bezogen‹) genannt werden, enthalten viele Sammlungen noch eine dritte Klasse.

Paradigmatisch ist der *Tripiṭaka* (p. *Tipiṭaka*, ›Dreikorb‹) der Theravada-Schule, der in drei große »Körbe« (*piṭaka*) gegliedert ist:

1. Suttas – zumeist übersetzt mit »Lehrreden« (p. *Sutta Piṭaka*), die dem Buddha oder, seltener, einem seiner Hauptschüler in den Mund gelegt wurden;
2. Vinaya – die »Ordensregel« (p. *Vinaya Piṭaka*), in der die Regeln der Ordensdisziplin aufgeführt sind;
3. Abhidhamma – die »Lehrschriften« (p. *Abhidhamma Piṭaka*), eine etwas später entstandene Kompilation gelehrter Abhandlungen.

den lange Zeit durch eine Technik des Sprechgesangs bewahrt und erst später aufgezeichnet – ohne dass die Tradition des Memorierens und Rezitierens von Texten jemals aufgegeben worden wäre. Bis heute lernen Mönche und Nonnen, aber auch Angehörige des Laienstandes Sutras auswendig, um sie bei rituellen Anlässen mit anderen Gläubigen zu rezitieren. Die Lektüre dieser Texte ist nicht zuletzt deshalb lohnend, weil sie soziale und religiöse Probleme ihrer Zeit widerspiegeln. Zugleich geben sie Antworten auf philosophische und ethische Fragen, die kanonisch geworden sind und noch in der Gegenwart unter Buddhistinnen und Buddhisten hohen normativen Stellenwert haben.

Annäherung mit allen Sinnen

Neben diesen Bezügen auf Texte und andere Medien der Geschichte und Gegenwart sind in die vorliegenden 100 Seiten persönliche Erfahrungen und Beobachtungen eingeflossen. Nicht nur in der Bundesrepublik Deutschland (seit den 1980er Jahren), sondern auch während längerer Aufenthalte in den USA seit den 1990er und in Asien seit den 2000er Jahren bin ich regelmäßig in Kontakt mit Menschen getreten, die unter dem Einfluss buddhistischer Überlieferung leben. Daraus haben sich zahlreiche Gelegenheiten ergeben, lokale Kulturen und Routinen kennenzulernen. In Gesprächen und dadurch, dass ich buddhistische Praktiken viele Male aus der Nähe erfahren durfte, habe ich Einblicke in das erhalten, was das Überlieferte einzelnen Personen jeweils bedeutet – wie sie ihr Leben vor seinem Hintergrund deuten, welche Rolle dabei ihr persönlicher Glaube spielt und was sie als Realität, was als letzte, transzendente Wirklichkeit auffassen.

Bei dieser Auseinandersetzung mit dem Buddhismus wurde mir die Bedeutung, die das Wechselverhältnis von Glaubenspraktiken und Textüberlieferung für ihn hat, nach und nach immer bewusster. Buddhistische Lehre und Praxis nähren sich gegenseitig, halten einander lebendig und haben in ihrer Austauschbeziehung immer schon auf unterschiedliche

Sutras

Mit dem Paliwort *sutta* und seiner Sanskrit-Entsprechung *sūtra* werden im Buddhismus Texte bezeichnet, die als Träger des authentischen »Buddha-Wortes« (*buddha-vacana*) gelten. Ihre zentralen Inhalte sind als Predigten, Dialoge oder Aussprüche des Buddha überliefert, und dies überwiegend in einem Erzählrahmen, der über Anlass oder äußere Umstände der Belehrung informiert. Zu ihren Merkmalen gehören die Formel »So habe ich gehört« (p. *Evaṃ me sutaṃ*) in der Einleitung sowie die Angabe des Aufenthaltsortes der Gesprächspartner und Begleiter des Buddha. Die Sammlungen der verschiedenen buddhistischen Schulen unterteilen ihre Sutras in vier oder fünf Abteilungen (p. *nikāya* oder skt. *āgama*): lange, mittellange, thematisch verwandte und im Hinblick auf die Anzahl der behandelten Gegenstände zugehörige Texte.

Arten Ausdruck gefunden. In den ungezählten Formen dessen, was wir als Buddhismus begreifen, sind Lehrinhalte und Praxiselemente des Glaubens ganzer Generationen in enger Verschränkung verdichtet. Bis heute ist das lebendige, unabgeschlossene Traditionsgefüge, das wir Buddhismus nennen, davon grundlegend getragen.

Ich stelle dies auch deshalb heraus, da uns diese Wechselbeziehung mit ihrem breiten Spektrum an Glaubenshandlungen und kulturellen Schöpfungen zahlreiche Möglichkeiten der sinnlichen Annäherung eröffnet. Buddhismus lässt sich nicht nur lesen. Er lässt sich auch sehen, hören, riechen, schmecken und fühlen. Die materielle Kultur und der praxisbezogene

Raum, in denen sich seine Anhängerinnen und Anhänger bewegen, bieten ein reiches Reservoir an Quellen, die Glaubensbotschaften ohne Worte übermitteln. Dazu zählen nicht nur bildliche und plastische Darstellungen von Buddhas und Gottheiten, die vielen Gläubigen nicht etwa als Repräsentationen oder Abbilder gelten, sondern als die Gottheiten selbst. Es gehören auch einfache Gebrauchsgegenstände wie Gongs, Räucherstäbchen oder Reisschälchen als Opfergaben dazu, sowie Gesten und Bewegungen – etwa das Zusammenlegen der Hände, der Kniefall und die Niederwerfung vor Buddha-Statuen und Reliquienstätten sowie deren rituelle Umschreitung.

Dass in meiner Darstellung entsprechende Wahrnehmungen und Beobachtungen eine Rolle spielen, heißt nicht, dass ich meine, den Glauben derjenigen, die mir Einblicke in ihre Welten ermöglicht haben, intuitiv erfühlt oder gar das ›Wesen‹ des Buddhismus verstanden zu haben. Ebenso wenig erhebe ich Anspruch auf eine vollkommen neutrale und objektive Darbietung des gewonnenen Wissens. Menschliche Wahrnehmung ist immer standort- und perspektivengebunden; jede historische Rekonstruktion ist eine Konstruktion, die von der Sichtweise des Betrachters abhängt. So ist auch meine eigene Geschichte und Persönlichkeit Bestandteil meiner wissenschaftlichen Auseinandersetzung mit Quellen und Informationen – seien es Texte oder andere Medien, seien es Beobachtungen im Feld, wie ich sie in den geschilderten Zusammenhängen in unstrukturierter Form vorgenommen und zu detaillierten Notizen ausgearbeitet habe.

Hiervon ausgehend, versuche ich auf diesen 100 Seiten nicht, dem *Umstand, dass Subjektivität jedwede Forschung prägt*, in einer quasi objektivierenden Sprache zu begegnen. Ich gebe ihm vielmehr absichtlich Raum – und dies sehr viel ausgiebiger, als es für ein Forschungspapier in einer wissenschaftlichen Zeitschrift denkbar wäre. Wenn die nachfolgende Darstellung in der Ich-Erzählperspektive unter Erzeugung atmosphärischer Vorstellungen aus Feldnotizen schöpft, erfolgt dies im Bewusstsein, dass es sich um einen selektiven Akt des Zur-Sprache-Bringens von Erfahrung handelt. Ich schreibe, wenn ich mich auf meine Notizen beziehe, als Beobachterin, Beteiligte an Situationen, die ich schildere, und interpretiere insbesondere Unterhaltungen und Stimmungen, wie ich sie in den dargestellten Situationen wahrgenommen habe. Die beschriebenen Szenen und in sie eingebauten Exkurse zu Entwicklungen und Inhalten des Buddhismus entstammen meiner persönlichen Wahrnehmung an den Orten, an denen ich mich befand. Indem ich Wortwechsel, Tonfall, Mimik, Gestik, Bewegungen und Positionen von Menschen im Raum, wie ich sie jeweils festgehalten habe, einfließen lasse, treten meine Innensicht, meine räumliche Perspektive auf das Geschehen, meine Beteiligung an dem Entstehen der Situationen und meine Deutung hervor. Die eigene Perspektivengebundenheit sowie das Empfinden in den Situationen werden so nicht verschleiert, sondern im Gegenteil verstärkt. Dabei sind, auch wenn es sich keinesfalls um eine systematische ethnographische Studie handelt, Personennamen pseudonymisiert (zum Beispiel Klara statt Almut) und auch weitere Namen (etwa von Organisationen) und Informationen zu Personen und Orten geändert oder vergröbert worden, um eine Identifikation der Personen zu verhindern.

Ich beginne mit einer Episode im Mandi Distrikt des indischen Bundesstaats Himachal Pradesh im Vorderen Himalaya. Dorthin kam ich im Spätsommer 2006 auf einer mehrwöchigen Reise, die mich von Mumbai über Neu-Delhi nach Shimla,

Blick auf Lake Rewalsar im Mandi Distrikt des indischen Bundesstaats Himachal Pradesh im Vorderen Himalaya; September 2006.

in die Hauptstadt Himachal Pradeshs, und von dort auf Umwegen durch den Himalaya wieder zurück nach Neu-Delhi führte. In Shimla hielt ich mich einige Zeit am Indian Institute of Advanced Study auf. Dann reiste ich weiter über Dharamsala, den Residenzort des 14. Dalai Lama (geb. 1935) und Sitz der tibetischen Exilregierung, in Richtung Ladakh. Ich wollte mir einen Eindruck vom religiösen Leben des Gebirgszugs verschaffen, durch den die landschaftlich spektakuläre Route des Manali-Leh-Highways verläuft.

Länger blieb ich auf dieser Reise in Rewalsar, einem Wallfahrtsort für Buddhisten, Hindus und Sikhs in etwa 1360 Metern Höhe. Er liegt von Bergen umgeben an einem kleinen See, an dem sich, neben Stätten der dort ansässigen Glaubensgemeinschaften, einige Läden, Cafés und Unterkünfte für Reisende sowie Wohnhäuser indischer und tibetischer Familien befinden. Bald nach meiner Ankunft schloss ich mich der täglichen siebenfachen Kora (tib. *skor ra*, »Rundgang«) an, die Touristen und Pilger – teils in kleinen Gruppen und miteinander im Gespräch, teils allein und unter Niederwerfungen oder Murmeln von Mantras – um den See vollziehen. Der Weg führt vorbei an Hindu-Tempeln, einem Gurdwara der Sikhs und buddhistischen Klöstern sowie den Ghats, treppenförmigen Zugängen zum See, an denen viele Gläubige aus rituellen Gründen verweilen.

Am Lotus-See – oder: Buddhismus, was ist das eigentlich?

Unter Gebetsfahnen

Sonderlich überrascht war ich nicht, als mich Tashi, ein Exiltibeter zweiter Generation, mit dem ich im September 2006 in seinem Taxi durch Teile des Himalaya fuhr, nach meiner Sicht auf den Buddhismus fragte. Mit einigen Touristen und Pilgern hatten wir gerade den Bergsee von Rewalsar etwa 25 Kilometer südwestlich der Stadt Mandi umrundet und uns unter tibetischen Gebetsfahnen am Seeufer niedergelassen. Ich hatte die Frage schon viel früher erwartet.

Dennoch war mir etwas unbehaglich zumute. Eigentlich waren wir unterwegs, weil ich Tashi gebeten hatte, mir auf der Route über den Rohtang Pass besonders eindrückliche Beispiele tibetischer Klosterarchitektur und Kunst zu zeigen. Um ihn zu der weiten Strecke in Richtung Ladakh zu bewegen, hatte ich versichert, ich sei »vom Buddhismus absolut fasziniert«. Doch bislang hatten wir nur ein einziges tibetisches Kloster besucht – und das, obwohl Tashi ausdrücklich »um der Sache willen« eingewilligt hatte und sich beim Klosterbesuch

Gompas – Stätten des tibetischen Buddhismus

Ein Gompa (tib. *dgon pa*), in der ursprünglichen Bedeutung des Wortes ein »einsamer Platz« oder eine »Einsiedelei«, ist ein kleines Kloster oder ein Teil einer größeren Klosteranlage, der aus einer zentralen Gebetshalle mit einer Buddha-Statue und Bänken zum Gebet sowie angrenzenden Wohnräumen besteht.

als gläubiger Buddhist erwies. Nachdem er am Klostereingang zwei Reihen alter Gebetsmühlen in Rotation gebracht und dann den Innenhof von links nach rechts umwandelt hatte, entzündete er im Gompa Räucherwerk und Butterlampen. Daraufhin brachte er der zentralen Buddha-Statue Gebäck und Papierblumen als Opfergaben dar. Im Anschluss ließ er mir durch einen Mönch vor Ort die Bronze- und Messingstatuen an der Altarwand erläutern, übersetzte mir dies ins Englische und erzählte selbst Geschichten zu religiösen Wandmalereien und Rollbildern, die an den Wänden hingen.

Dabei ging es vor allem um eine zentrale Vorstellung des tibetischen Buddhismus: dass es Bodhisattvas gibt, Anwärter auf Buddhaschaft. Sie können durch *bodhi* Nirwana erlangen, bleiben aber aus großem Mitgefühl für die Welt freiwillig im Samara, um alle Wesen zur Befreiung vom leidhaften Dasein zu führen. Ein anderes Thema war die Gruppe der im tantrischen Buddhismus populären 84 Mahasiddhas, denen der Besitz von Siddhi (skt. *ṛddhi*) zugeschrieben wird. Das sind Kräfte und Fähigkeiten wie zum Beispiel: Gedanken lesen, eine andere Gestalt annehmen, feste Materie (als sei sie aus Luft) durchdringen, durch die Luft fliegen können. »Ich wäre gern

Siddhi – übermenschliche Kräfte

Schon der frühe Buddhismus kennt und erörtert in Pali-Texten die Siddhi-Kraft (p. *iddhi*). Sie zählt zu den sechs »höheren Geisteskräften« (p. *abhiññā*), die als Ergebnis spiritueller Praxis gelten sowie in »weltlich« (p. *lokiya*) und »überweltlich« (p. *lokuttara*) unterschieden werden. Zahlreiche Texte nehmen darauf in literarisch-narrativer Form Bezug, u. a. das *Sāmaññaphala Sutta* des Pali-Kanon (DN 2), in dem es um verschiedene Früchte des spirituellen Lebens in Hauslosigkeit, nicht zuletzt die höheren Geisteskräfte, geht.

ein guter Bodhisattva mit vielen Siddhi-Kräften«, sagte Tashi, als wir wieder in seinem knatternden Taxi saßen, das Baujahr 1980 und damit fast so alt wie er selbst war. »Dann könnten wir nach Rewalsar fliegen.«

Bei jenem Besuch eines tibetischen Klosters war es bislang geblieben. Sehr viel mehr Zeit hatten wir auf der Fahrt den Hindutempeln, insbesondere alten Stätten in dem von Schluchten durchzogenen Kangra-Tal, gewidmet. Und auch beim Flanieren durch Rewalsars Gassen waren es vor allem die Stätten der Hindus und Sikhs vor Ort gewesen, die meine Neugier geweckt hatten. Tashi hatte sich bei alledem geduldig angehört, was Rewalsars Bewohner zu erzählen hatten. Zum Beispiel, dass Gott Shiva persönlich in Rewalsar den See für einen Weisen namens Lomas habe anlegen und mit Wasser aus dem Ganges füllen lassen; dass auch Krishna, die beliebte Gottheit der Hindus, für seine Anhänger eine Inkarnation des Höchsten, eine besondere Beziehung zu dem Ort pflege; und dass der zehnte

Padmasambhava – legendenumrankter Kulturheros

Ob es den »Lotus-Geborenen«, den die Tibeter auch Guru Rinpoche, »Kostbarer Lehrer«, nennen, wirklich gab, ist umstritten. Umso legendenumrankter ist er als Kulturheros, der die magischen Handlungen, das Ritual und die Götterwelt des tibetischen Buddhismus verkörpert. Als tantrischem Siddha (»Vollkommener«) wird ihm »Vollkommenheit«, vor allem im Sinne höherer Erkenntnisse und Kräfte – Siddhi (tib. *dngos grub*) – zugesprochen, mit deren Hilfe er an verschiedenen Orten Asiens Herrschern Respekt abgerungen, autochthone Gottheiten bezwungen und so dem tantrischen Buddhismus in Tibet dem Weg geebnet haben soll. Er steht für einen charismatischen Befreiungsweg unabhängig von Klosterleben und »Ordination« (*upasampadā*), worunter im Buddhismus traditionell die höchste Weihe im Kontext klösterlicher Gemeinschaften verstanden wird. Das Gleiche gilt für die 84 altindischen Mahasiddhas (»Große Vollendete«), die aus allen Schichten stammten.

Guru des Sikhismus, Gobind Singh (1666–1708), am See alle Bewohner gegen die Ausdehnung des Mogulreiches eingeschworen habe. Um den tibetischen Buddhismus, der das Ortsbild von Rewalsar dominiert, war es nur am Rande gegangen.

Ich würde gerne einige buddhistische Stätten von Rewalsar aufsuchen, erwiderte ich daher auf Tashis Frage. Wir könnten gleich mit einem Gompa dort drüben anfangen, schlug ich vor und wies über den See, den die Tibeter Tso Pema, »Lotus-See«, nennen. An ihm sind verschiedene Lehrtraditionen des tibetischen Buddhismus mit eigenen Bauten und Institutionen ver-

Statue von Guru Rinpoche in der Padmasambhava-Höhle oberhalb des Sees von Rewalsar, Indien; September 2006.

treten – unter ihnen die der Nyingmapa, der »Alten«, die erst im 11./12. Jahrhundert als eigenständige Schule in Erscheinung getreten sind. Sie führen ihre Lehrüberlieferung bis auf Padmasambhava, den »Lotus-Geborenen«, zurück, der im 8./9. Jahrhundert gelebt haben soll – und durch dessen Gedächtnis Rewalsar tibetischen Buddhisten geheiligt ist.

Hagiographischer Überlieferung nach erhielt Padmasambhava seinen Namen, da er als Achtjähriger auf einem Lotus in einem See im mythischen Land Uddiyana gefunden wurde. In Rewalsar kursieren verschiedene Fassungen der regionalen Legende, er habe die Prinzessin Mandarava zu seiner tantrischen Gefährtin gemacht, woraufhin ihn ihr Vater, der König von Mandi, auf einem riesigen Scheiterhaufen verbrennen lassen wollte. Erklärt wird so unter anderem der tibetische Name des Ortes »Lotus-See«: Padmasambhava, in dem sich die Siddhi-Kraft aller Buddhas aller Zeiten manifestiert habe, sei es gelungen, das Feuer in einen See zu verwandeln – und er sei inmitten dieses Sees auf einem Lotus sitzend erschienen. Verschiedene Stätten rund um den See halten diese Geschichten lebendig, unter anderem eine Höhle oberhalb des Sees, in der Padmasambhava, wie mir beim Schlendern durch Rewalsar versichert wurde, sich intensiv seiner spirituellen Übungspraxis gewidmet haben soll.

»Dort oben hin«, fügte ich hinzu, »würde ich auch gerne laufen.« Ich zeigte hoch zum Bergkamm, wo ich die Höhle vermutete. Tashi lächelte, während er, wie die meiste Zeit, wenn wir nicht in seinem Taxi fuhren, die Perlen seiner Mala, der Gebetskette, die er ums Handgelenk trug, durch die Finger laufen ließ. Er werde sich nach Besichtigungsmöglichkeiten für Klöster und Höhle erkundigen, erwiderte er. Aber die Antwort auf seine Frage blieb ich ihm schuldig: »Was ist Buddhismus für dich?«, beharrte er, während er mich aus seinen schrägstehenden schwarzen Augen freundlich ansah.

Ich überlegte einige Zeit. Vom anderen Ufer ertönte das durchdringende Knallen der Peitsche eines mageren Flagellanten, der im Gang um den See seine blutige Selbstgeißelung zur Schau stellte. Neben uns rekelte sich eine weiße Katze in der Sonne. In einiger Distanz turnten Affen auf Bäumen herum, an denen eine Gruppe von Sikhs auf dem Weg zum Gurdwara, dem Sikh-Tempel am anderen Ufer, vorbeipilgerte. Die kunstvoll gewickelten Turbane der Männer und die Seidensaris der Frauen leuchteten in bunten Farben.

Als ich wieder zu Tashi blickte, ließ sich unweit von uns eine junge Tibeterin mit einem kleinen rotbackigen Mädchen unter den Gebetsfahnen nieder, um frischgebackene Küchlein zu verzehren, die sie aus ihrer buntgestreiften Tasche holte. Die Küchlein verströmten einen würzigen Duft, der mich an den des Weihrauchs erinnerte, den Tashi an einem Schrein am See unter Murmeln von Gebeten abgebrannt hatte. An ihrer tibetischen Tracht mit Schärpe und Schürze klingelten, wenn die junge Frau sich bewegte, hell kleine Glöckchen. Wie das Mädchen, das ihr wie aus dem Gesicht geschnitten war, trug sie das schwarze Haar in Zöpfen geflochten.

Ich verfolgte beider Bewegungen in Gedanken versunken. Was sollte ich Tashi erwidern?

Buddhismus als Religion

In meinen Seminaren werde ich oft gefragt, was der Buddhismus eigentlich sei – ob nicht eher Philosophie, Psychologie oder Meditationssystem als Religion. Ich beginne meine Antwort dann damit, dass der Begriff »Religion« erst spät in der europäischen Neuzeit an Bedeutung gewann, nämlich als man sich zunehmend mit außereuropäischen, nicht-christlichen Glaubensüberzeugungen, Praktiken und auf diese bezogenen Gemeinschaften konfrontiert sah. Das Verständnis des Buddhismus als Religion ist Ergebnis des europäisch-christlich geprägten Religionsdiskurses, der sich infolgedessen entwickelte und seit dem ausgehenden 19. Jahrhundert zunehmend auch in Asien wahrgenommen wurde.

Dieser Diskurs war höchst komplex. Bereits in der zweiten Hälfte des 19. Jahrhunderts gab es zum Beispiel eine Vielzahl von Religionsdefinitionen. Es herrschte keineswegs Einvernehmen darüber, dass von Religion nur dann gesprochen werden könne, wenn die Anhänger von der Existenz nur eines Gottes ausgehen oder wertend zwischen dem *einen* »wahren« Gott und *verschiedenen* »falschen« Göttern unterscheiden. Diese Vielfalt hat sich bis heute erhalten, ja noch verstärkt. Sie zeigt die heuristischen Möglichkeiten des Religionsbegriffs und der zahlreichen Bestimmungen von Religion: Als theoretischer Ausgangspunkt, von dem aus etwas untersucht wird, eignet sich eine bestimmte Religionsdefinition, um bestimmte Aspekte unter kritischer Reflexion eben dieser Definition besonders in den Blick zu nehmen.

Freilich kann eine Religionsdefinition eurozentrisch sein. Die religionswissenschaftliche Forschung der letzten Jahrzehnte hat wiederholt darauf hingewiesen, dass der Begriff »Religion« antik-christlich-europäisch geprägt ist und die Gefahr birgt, andere Kulturen mit entsprechenden Deutungen zu überziehen. Vor allem laut postkolonialistischen Ansätzen gilt seine Übertragung auf nicht-europäische Kulturen, die über keine Bedeutungsentsprechung zu ihm verfügen, als fragwürdig. Andererseits weisen viele dieser Kulturen Segmente und Handlungsfelder auf, die solchen der europäischen Religionsgeschichte in ihren Funktionen entsprechen, eine grundlegende Orientierung zu geben und mit der Erfahrung von Kontingenz umzugehen: Sie helfen dem Menschen auf individueller wie gemeinschaftlicher Ebene dabei, das, was ihm als zufällig, unbestimmt und nicht notwendig erscheint, zu bewältigen, indem sie es mit Sinn ausstatten, ohne ihm das Moment der Unkontrollierbarkeit zu nehmen.

Vor diesem Hintergrund lässt sich der Religionsbegriff auch auf das anwenden, was heute als »Buddhismus« bezeichnet wird – vorausgesetzt, wir begreifen »Religion« nicht als feststehende Größe, für die das Christentum als Muster dient, an dem alles andere gemessen wird. Vielmehr können wir sie – mit dem Modell des Philosophen Ludwig Wittgenstein (1889–1951) – als »Familie« beschreiben, die wie ein Verwandtschaftssystem »Familienähnlichkeiten« untereinander besitzt. Wie im Falle anderer Traditionsgeflechte, die wir als »Religion« bezeichnen, haben wir es beim Buddhismus mit normativen Weltdeutungen, Transzendenzbezügen und einer Heilslehre, sakralen Gegenständen und Praxisvollzügen zu tun, die das Kontingente mit Sinn versehen. Hinzu kommen bestimmte, für Religionen charakteristische Sozialformen. Beispielsweise bilden sich Gemeinschaften um religiöse Spezialisten, die für die Überlieferung religiöser Texte zuständig sind, Lehraufgaben haben, Rituale ausführen und zwischen Menschen und übermenschlichen Mächten vermitteln. Einige von ihnen stehen mit ihren Anhängern in einem engen Lehr- und Führungsverhältnis und nehmen eine Rolle ein, die im Indischen »Guru« und im Deutschen »Meister« genannt wird. Eine weitere Eigenschaft des Buddhismus, die er mit anderen Religionen teilt, ist – darum wird es weiter unten ausführlicher gehen – das Erzählen von Glaubensgeschichten, die mit europäischen Mythen und Legenden vergleichbar sind.

Getragen und durchzogen sind diese Zusammenhänge von bestimmten Schöpfungsvorstellungen und Glaubensinhalten. Zwar kennt der Buddhismus, anders als Judentum, Christentum und Islam, nicht den Glauben an einen personalen Schöpfergott. Doch glauben Buddhisten durchaus. Sie glauben an übermenschliche Wesen, Götter, Geister und Dämonen; an einen anfangslosen, unveränderlichen Dharma, den der Buddha nur wiederentdeckt habe; und an die sich immer wieder vollziehende Erschaffung von Welten durch Karma, das auch die Wiedergeburt jedes einzelnen Wesens bestimmt. Ebenso glauben sie, dass Nirwana das Erlöschen der Existenz bedeutet. Ihre Heilsgewissheit erwächst daraus, dass der Buddha für sie ein Erwachter ist, der unumstößliches Wissen über eine transzendente und unbedingte letzte Wirklichkeit besitzt und den Weg zu Nirwana, dem Aufhören der Leidhaftigkeit und der Befreiung aus Samsara, weist. Dabei glauben sie, dass Samsara eine potentiell endlose Fortsetzung des vergänglichen Daseins ist, das aus »Verblendung« beziehungsweise »Nichtwissen« (*avidyā*) und weiteren, daran gekoppelten Mechanismen resultiert, die zur Wiedergeburt führen. Nirwana gilt demgegenüber als das Verlöschen aller unheilsamen Faktoren, die das Leid und die beständige Wiedergeburt in die vergängliche Existenz bedingen. Ob sich all dies so verhält, lässt sich weder empirisch überprüfen noch aus rationalen Argumenten als unstrittig bewiesen herleiten, sondern wird als Buddha-Wort geglaubt.

Grundlage dieser Heilslehre sind die vier Edlen Wahrheiten (*āryasatyāni*), die als unverbrüchlicher Kern der ersten Lehrrede des Buddha gelten – jener Rede, mit der er in Sarnath »das Rad der Lehre in Bewegung gesetzt« haben soll. Sie besagen, dass

1. alles Leben Leiden ist,
2. Leid durch begierige Anhaftung entsteht,
3. es einen Weg zur Aufhebung der begierigen Anhaftung gibt
4. und dieser Weg (der Edle Achtfache Pfad) zur Aufhebung des Leidens führt.

Im einschlägigen Lehrtext dazu, dem *Dhammacakkappavattana Sutta* des Pali-Kanon (SN 56,11), heißt es, der Buddha habe die vier Wahrheiten als Erster gefunden und sich ihrer bedient, um die Befreiung zu erlangen. Deshalb könne er nun sagen:

»Unerschütterlich ist meine Gemüterlösung. Dies ist die letzte Geburt. Und nicht mehr gibt es Weitersein.« (Übers. Helmuth Hecker)

Ich sah Tashi an, der still auf meine Antwort wartete. Sein Blick war offen und interessiert. »Der Buddhismus ist für mich – so wie er sich in 2500 Jahren mit zahllosen religiösen Phänomenen über die ganze Welt verbreitet hat – eine äußerst vielfältige Religion«, sagte ich. Er umfasse zwar zahlreiche philosophische und psychologische Aspekte, fuhr ich fort. »Und meditativen Praktiken der Bewusstseinsschulung kommt, auch wenn sie in manchen seiner Weiterentwicklungen keinen oder einen nur untergeordneten Stellenwert haben, seit den frühen indischen Schulen wichtige Bedeutung zu.« Ihn aber auf einen dieser Aspekte reduzieren zu wollen und *entweder* als Philosophie *oder* Psychologie *oder* Meditationssystem einzuordnen, würde, zumal angesichts der unübersehbaren Vielzahl der Richtungen, in die er sich entwickelt hat, zu kurz greifen.

Tashi wackelte seitlich mit dem Kopf, wie in Indien bei Zustimmung weithin üblich. »Ich denke, ich verstehe, was du meinst«, sagte er und schaute zu einer Gruppe von Ziegen und Hunden, die den See ebenfalls zu umrunden schienen. Allein in Dharamsala, ergänzte er, habe er so viele verschiedene Ansichten über den Dharma gehört, dass einem »geradezu schwindelig werden kann«. Er lachte leise. Dann glitten seine Finger wieder gleichmäßig und fast geräuschlos über die Perlen seiner Gebetskette. Nur ab und zu, wenn er die Perlen an der Kette zusammenschob, war ein leichtes Klacken zu hören. Zu ihm gesellte sich das Klingeln der Glöckchen am Gewand der Tibeterin, die inzwischen mit ihrer Tochter rhythmisch hin- und herschritt und einen Tanz zu üben schien. Sie war, wie ihre Tracht verriet, verheiratet.

Die vierte Edle Wahrheit – der Edle Achtfache Pfad

Die vierte Edle Wahrheit bildet den Edlen Achtfachen Pfad (*āryāṣṭāṅgamārga*; p. *ariya aṭṭhaṅgika magga*), der durch die acht Speichen des Dharma-Rades symbolisiert wird. Er enthält Anweisungen, wie die Befreiung vom Leid zu erreichen ist, und gliedert sich in drei Gruppen:

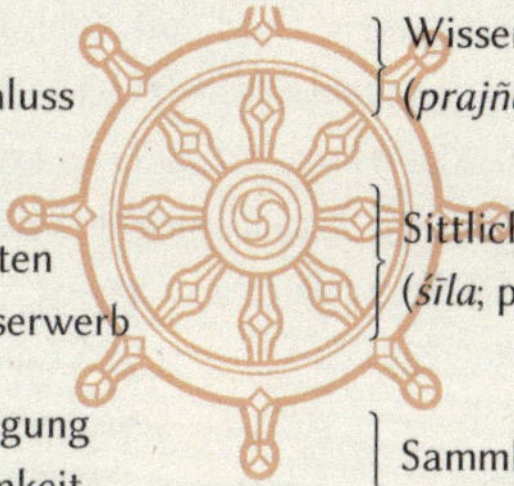

1. rechte Ansicht
2. rechten Entschluss

} Wissen (*prajñā*; p. *paññā*)

3. rechte Rede
4. rechtes Verhalten
5. rechten Lebenserwerb

} Sittlichkeit (*śīla*; p. *sīla*)

6. rechte Anstrengung
7. rechte Achtsamkeit
8. rechte Sammlung bzw. Meditation

} Sammlung (*samādhi*)

Diese Einteilung zeigt, dass es darum geht, zugleich das Wissen vom Dharma zu erlangen, durch Sittlichkeit unheilsame Taten zu vermeiden und durch Sammlung Klarheit des Geistes zu erreichen.

»Morgen gibt es in einem Gompa des Ortes ein Fest mit Tänzen, das Teil *meiner* Religion ist«, erklärte mir Tashi mit Blick auf Mutter und Kind. »Sie bereiten sich vor.« Dann stand er auf und wies zu den treppenförmigen Ghats am Seeufer, wo gerade eine Fischfütterung begonnen hatte. »Dort hinten steht ein Mönch, den ich kenne. Ich bin gleich zurück«, sagte er. Vielleicht könne ich ihm dann sagen, warum ich – er zitierte meine Worte aus Dharamsala – »vom Buddhismus absolut fasziniert« sei. Er lächelte.

Mit diesen Worten schlenderte Tashi zu den Ghats, wo sich Gläubige verschiedener Herkunft und Religionszugehörigkeit durch die Fütterung »gute Verdienste« (*puṇya*; p. *puñña*) für ihre nächste Inkarnation zu erwerben suchten. Eine Hindu-Familie mit mehreren Kindern reichte einander Tütchen mit Fischfutter – Mehlbällchen und Puffreis, wie mir Tashi später erklärte. Daneben standen drei tibetische Mönche in dunkelroten Roben, sowie Duc und Yael, die wir beim Gang um den See kennengelernt hatten. Auch sie waren damit beschäftigt, Futter in den See zu werfen. Yael engagierte sich, wie ihr israelischer Vater und ihre britische Mutter, für die Internationale Tibet-Unabhängigkeitsbewegung und verbrachte jedes Jahr mehrere Wochen in tibetischen Diaspora-Gemeinden. In dieser Funktion hielt sie sich ein paar Tage in Rewalsar auf. Duc, wie Yael Mitte zwanzig, war Sohn buddhistischer Boatpeople, die Ende der 1970er Jahre mit Hilfe eines humanitären Hilfsprogramms von Vietnam in die USA gelangt waren. Auf seiner Pilgerreise verbrachte er einige Zeit in einem Gästehaus am See, bevor er weiter nach Bodhgaya reiste.

Tashi stellte sich zu ihnen, und bald waren alle miteinander im Gespräch. Unzählige Fische sprangen aus dem Wasser. Während ich die Szene beobachtete, kreisten meine Gedanken auf verschlungenen Wegen um Tashis Frage.

Im globalen Wirkungsfeld des europäischen Kolonialismus

Seit ich in Berlin während meiner Schulzeit das Buddhistische Haus in Frohnau und einen Zen-Dojo in Kreuzberg besucht habe, haben mich die modernen Dynamiken zwischen Asien,

Europa und Nordamerika stets interessiert – die Wechselbeziehungen und Vernetzungen zwischen Einzelnen, Gruppen, Orten und Räumen sowie die daraus hervorgehenden Diskurse und kulturellen Schöpfungen. Nur durch sie verstand ich, wie es zu so großen Unterschieden im Erscheinungsbild des Buddhismus kommen konnte.

Das öffentliche Angebot in Frohnau umfasste Andachten, Dharma-Vorträge und Diskussionen. Text- und Lehrbasis war – wie seit Gründung durch den Berliner Arzt Paul Dahlke (1865–1928) – der Pali-Kanon. Durch Reisen ins kolonialistische Ceylon mit dem Buddhismus in Berührung gekommen, hatte Dahlke Texte daraus übersetzt, von 1917 bis 1922 die *Neubuddhistische Zeitschrift* herausgegeben und schließlich 1924 das Buddhistische Haus gegründet. Dabei war er für einen »Neubuddhismus« eingetreten, der Europäern die am Mönchsideal ausgerichteten Lehren des Pali-Kanon in naturwissenschaftlichem Licht zugänglich machen sollte.

Mein Besuch seiner Wirkungsstätte brachte mich mit einem kleinen Studienkreis westlicher Buddhisten in Kontakt, in dem auf der Grundlage des Pali-Kanon und benachbarter Texte buddhistische Philosophie und Ethik diskutiert wurden. Bei größeren Festen an Wochenenden dagegen bot sich mir das bunte Bild einer Minderheitenreligion asiatischer Immigranten dar: Dann strömten Hunderte von Menschen, darunter Mönche in orangefarbenen Roben, auf das Gelände; es wurden zusammen Zeremonien durchgeführt und Mahlzeiten eingenommen.

Im Zen-Dojo unterdessen ging es um die individuelle Erfahrung auf dem Sitzkissen. Mittelpunkt der Praxis war die stille »Sitzmeditation« (chin. *zuochan*; jap. *zazen*), die gewöhnlich als die prototypische Meditationsübung der Chan/Zen-

Schule (chin. *Chanzong*; jap. *Zenshū*) gilt, die in China entstand und dann auch in Japan sowie anderen Ländern (in Korea als *Sŏn*-, in Vietnam als *Thiền*-Schule) kultiviert wurde. Man sitzt mit halbgeschlossenen Augen in der Haltung von Buddha Shakyamuni bewegungslos mit dem Gesicht zur Wand. Die Körpermitte ruht auf dem Kissen, der Atem fließt frei. Dabei wird beobachtet, wie Gedanken und Empfindungen kommen und gehen, so dass sich im Idealfall ein Zustand klarer Bewusstheit einstellt, der Einsicht in die ›wahre Natur der Wirklichkeit‹ ermöglichen soll.

Das Interesse an dieser Praxis, von der es heißt, sie sei im 6. Jahrhundert von Bodhidharma, dem legendären Gründer der Chan-Schule, in China eingeführt worden, war typisch für die Schwerpunktverschiebung in der europäischen Buddhismus-Rezeption seit Mitte der 1960er Jahre: Zum text- und theoriebasierten Zugang, wie ihn die Aufnahme der Theravada-Tradition in der ersten Jahrhunderthälfte gekennzeichnet hatte, trat zunehmend der Wunsch nach praktischen Übungsformen und körperlich-geistigen Erfahrungen – und es kam zu einem regelrechten Zen-Boom. Daneben erhielt der ebenfalls praxisbetonte tibetische Buddhismus mehr und mehr Aufmerksamkeit. Zuvor waren tibetische Lamas und ranghohe Würdenträger Einladungen ihrer ersten westlichen Schülerinnen und Schüler gefolgt und hatten an verschiedenen Orten in Nordamerika und Europa tibetisch-buddhistische Zentren gegründet.

Das Kreuzberger Dojo war aus Aktivitäten der Association Zen Internationale (AZI) hervorgegangen, die der japanische Zen-Buddhist Taisen Deshimaru (1914–1982) 1970 in Paris gegründet hatte. Deshimaru gehörte der von Kigen Dogen (1200–1253) aus China eingeführten Soto-Schule (chin. *Caodong*) an, neben der Rinzai-Schule (chin. *Linjizong*) eine der beiden großen Zen-buddhistischen Richtungen im heutigen Japan. Bald nach seiner Ankunft in Paris im Jahr 1967 wurde er zu einem der bekanntesten Zen-Meister Europas.

Deshimarus Erfolg und Auseinandersetzungen nach seinem Tod um die Frage seiner Nachfolge führten zur Entstehung verschiedener Traditionslinien und Netzwerke in Europa mit Bildung mehrerer Gruppen in Berlin. Ihr Zulauf erklärt sich unter anderem daraus, dass heutige Klassiker der westlichen Zen-Literatur – *Zen in der Kunst des Bogenschießens* (1948) von Eugen Herrigel (1884–1955) und Bücher von Daisetz T. Suzuki (1870–1966) wie *Zen und die Kultur Japans* (dt. 1958) – europaweit Interesse geweckt hatten. Mit Deshimaru meinte man, endlich auch in Europa, wie in den USA mit dem Zen-Priester Shunryu Suzuki (1904–1971) in San Francisco, einen authentischen Meister der Zen-Meditation vor sich zu haben und nicht mehr vornehmlich auf Bücher angewiesen zu sein.

Den Weg bereitet haben diesen Entwicklungen die oben erwähnten transkulturellen Austauschbeziehungen im Dreieck Asien-Europa-Amerika. Mit der Erneuerung ihrer religiösen Traditionen reagierten asiatische Intellektuelle und Gelehrte in der europäischen Kolonialzeit in Ländern wie Ceylon, Siam, Birma und Japan auf die christliche Mission und spezifische Entwicklungen der Moderne, nicht zuletzt die westlichen Wissenschaften. Ihr Hauptargument lautete, im Gegensatz zum Christentum, das auf Glaubensdogmen beruhe, gründe der Buddhismus auf experimentell fundierter rationaler Einsicht.

Der Buddhismus, der in diesen Diskursen des »buddhistischen Modernismus« gedieh, hat ausgeprägt reformerische Züge. Er wird in der Forschung auch »Protestantischer Buddhismus« genannt, da er sich durch eine vernunftbetonte christlich-protestantische Haltung auszeichnet. Seine Anhänger üben

Kritik an traditionellen religiösen Institutionen, Frömmigkeitsformen und Ritualen. Auch treten sie für einen individuellen Zugang zu Lehre und Praxis ein, der nicht von Vermittlung durch den Klerus abhängt. Zu seinen Merkmalen gehört neben der Betonung des rationalen Charakters der buddhistischen Lehre die funktionelle Umstrukturierung des Sangha. Zum Beispiel beteiligte sich der Laienstand verstärkt an der Lehrentwicklung; und es entstanden Laienvereinigungen mit Fokus auf Meditationsformen wie die frühbuddhistische »Einsichtsmeditation« (*vipaśyanā*; p. *vipassanā*), die im Idealfall »Erwachen« herbeiführen soll. Aus der Bewegung, die sich um ihre Praxis gebildet hat, in der man durch Beobachtung seiner Sinneswahrnehmungen seine Achtsamkeit (p. *sati*) schärft, ist die globale Achtsamkeitsbewegung hervorgegangen. Der US-amerikanische Arzt Jon Kabat-Zinn (geb. 1944) beispielsweise entwickelte in den späten 1970er Jahren das eingangs erwähnte MBSR-Programm (Mindfulness-Based Stress Reduction).

Eine für den transkulturellen Austausch zwischen Asien, Europa und Amerika repräsentative Figur des ausgehenden 19. Jahrhunderts ist Henry Steel Olcott (1832–1907), der 1875 mit der Okkultistin Helena P. Blavatsky (1831–1891) in New York City die Theosophische Gesellschaft gegründet hatte. Der Offizier, Anwalt und Journalist unternahm Reisen nach Asien, die ihn auch nach Ceylon führten. Dort nahm er offiziell Zuflucht zu den Drei Juwelen und trug durch sein Wirken zu den buddhistischen Reformbewegungen vor Ort bei. 1881 veröffentlichte er einen von dem angesehenen Mönch Hikkaduwe Sumangala (1827–1911) offiziell autorisierten *Buddhistischen Katechismus*, der in zahlreiche Sprachen, darunter 1887 ins Deutsche, übersetzt wurde – und auch Buddhisten in Asien nachhaltig beeinflusste.

Einer von Olcotts Kooperationspartnern war der bereits genannte singhalesische Reformer Anagarika Dharmapala, der wie Olcott in Europa und Nordamerika ein breites Interesse an Buddhismus weckte – sowohl in bürgerlichen Kreisen als auch bei Künstlern und Gelehrten. Durch seinen Auftritt beim ersten »Weltparlament der Religionen« in Chicago 1893 etablierte er sich als wichtigster Vertreter einer text- und lehrbasierten Erneuerung des Buddhismus in Südasien, die modernistisch, stark rational und kognitiv ausgerichtet war. Die *Maha Bodhi Society* gründete er 1891 nach einer Reise nach Bodhgaya mit dem Ziel, den Buddhismus dort wie generell in Indien wiederzubeleben. Sie wurde mit ihren Ablegern (1897 in den USA, 1911 in Deutschland und 1926 in Großbritannien) zu einer der erfolgreichsten buddhistischen Missionsgesellschaften der Moderne und zur ersten transnationalen buddhistischen Organisation überhaupt.

Tomoko Masuzawa stellt in *The Invention of World Religions* (2005) dar, wie in Verflechtungen dieser Art »*der* Buddhismus« im Kolonialismus gewissermaßen überhaupt erst als eine »Religion« entdeckt wurde, so dass er heute, neben Christentum, Islam, Hinduismus und Judentum, als »Weltreligion« gilt. Infolge neuer Formen der Mobilität und Technologie hat sich diese Deutung zusammen mit der Einschätzung des Buddhismus als Lebensstil, der sich für die gegenwärtigen Lebensumstände in modernen Gesellschaften besonders eigne, in den vergangenen 50 Jahren über Ping-Pong-Effekte zwischen den Kulturen und Kontinenten weltweit verbreitet.

Dass diese Auffassung im Westen besonders gängig ist, liegt nicht zuletzt daran, dass der Buddhismus hier in Therapie- und Beratungsformate eingegangen ist. Insbesondere im Bereich von Selbstführung und Lebensoptimierung erfreuen sich buddhistische oder zumindest buddhistisch inspirierte Meditations- und Analysemethoden großer Beliebtheit. Zu den prominentesten Impulsgebern zählt der Dalai Lama, der in der Öffentlichkeit für modernistische Werte eintritt und zum Dialog zwischen Buddhismus und moderner Wissenschaft aufruft. Mit Buchtiteln wie *Logik der Liebe* (1998) und *Mein Wegweiser zum Glück* (2005) wirbt er für den tibetischen Buddhismus als rationale, mit wissenschaftlichem Denken vereinbare Psychologie und »Wissenschaft des Geistes«, die es ermögliche, das eigene Bewusstsein zu erforschen, negative Gefühle zu überwinden und wie der Buddha dauerhaft zu Glück zu finden. Seine Bücher stapeln sich nicht nur in den überquellenden Regalen der Buchläden von Dharamsala, sondern verkaufen sich in großer Fülle weltweit.

Hinter dieser weltumspannenden Entwicklung freilich tut sich eine große lokale Vielfalt auf. Zu ihrer Beschreibung lässt sich der Begriff ›Glokalisierung‹ heranziehen, ein seit den 1990er Jahren gebräuchliches Kofferwort aus den Begriffen ›global‹ und ›lokal‹; haben wir es doch innerhalb der Globalisierung des Buddhismus samt ihren lokalen und regionalen Auswirkungen und Zusammenhängen mit zahlreichen Formen der Verbindung und des Nebeneinanders zu tun. Wie für die Geschichte gilt auch für die Gegenwart: Buddhismus ist nicht gleich Buddhismus. Wenn sich viele verschiedene Ideen und Praktiken auf den Buddha, die Gemeinschaft in seinem Gefolge und bestimmte Lehrinhalte zurückführen, mag das den Eindruck von Einheitlichkeit und Geschlossenheit erwecken. Der Anschein täuscht aber. Was wir unter »Buddhismus« zusammenfassen, ist deutlicher denn je das offene Ergebnis vielfältig bedingter Entwicklungen.

Unterschiede hinsichtlich Lehre und Praxis lassen sich schon in den ältesten Zeugnissen des indischen Buddhismus nachweisen. Schon damals begannen sich verschiedene Richtungen und Denominationen auszubilden.

Zentrum des frühen Buddhismus war das Gangesbecken. Dort, heißt es, sei der Buddha in 45 Jahren Wanderschaft von Kapilavastu im Norden bis Bodhgaya im Süden und von Kaushambi im Westen bis Rajagriha im Osten gekommen, wo seine Lehre jeweils geeigneten Nährboden fand. Die rasche Ausbreitung seiner Gemeinde, Meinungsverschiedenheiten schon zu seinen Lebzeiten sowie nach seinem Tod (besonders in der Auffassung der Ordensregeln) bewirkten bald getrennte Überlieferungen – sowohl innerhalb der älteren indischen Schulen als auch bei der Verbreitung in den verschiedenen Gesellschaften Asiens. Das Bedürfnis nach Verständigung, das daraus erwuchs, führte wiederholt zur Einberufung von Versammlungen zwecks gemeinsamer Rezitation (*saṅgīti*) von Lehrreden und Ordensregeln, um sie für die Zukunft zu bewahren. Diese Versammlungen, in der Forschung auch »Konzilien« genannt, werden aber keineswegs von allen Schulen anerkannt und sind zum Teil in ihrer Historizität umstritten.

Seinen Weg über den südasiatischen Subkontinent fand der Dharma während der Herrschaft von König Ashoka (304–232 v. Chr.). Im Süden gelangte er nach Sri Lanka, im Norden und Nordwesten in die hellenistischen Königreiche von Baktrien und Sogdien. Neben Textdokumenten legen archäologische und künstlerische Quellen Zeugnis von der Ausbreitung ab.

Besonders bekannt ist Sanchi im zentralindischen Bundesstaat Madhya Pradesh. Die Stätte, die seit 1989 von der UNESCO

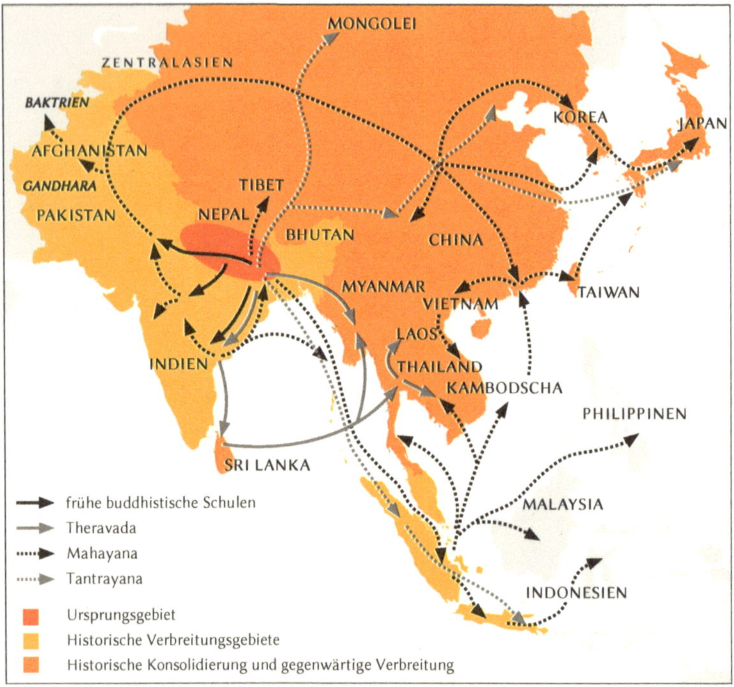

Wege des Buddhismus von Süd- nach Ost- und Südostasien: Herkunft, Ausbreitungswege und gegenwärtige Verbreitung.

auf der Liste des Weltkulturerbes geführt wird, war zwischen dem 2. Jahrhundert v. Chr. und dem 6. Jahrhundert n. Chr. ein bedeutendes Zentrum für Anhänger des Buddha-Dharma. Die Stupas der Anlage gelten als architektonische und bildhauerische Meisterwerke; die ältesten werden auf die Zeit der Regentschaft Ashokas und der Generationen danach datiert. Weitere Stupas sowie eine Reihe von Tempel- und Klosteranlagen kamen bis zum 12. Jahrhundert hinzu – bis der Buddhismus schließlich unter anderem durch islamische Turkreiche, die sich nach Nordindien ausbreiteten, fast vollständig aus Indien verdrängt wurde.

Ein mindestens genauso bekanntes Zeugnis der frühen Ausbreitung ist Gandhara, jene historische Region im heutigen Nordpakistan und Ostafghanistan, die sich ab dem zweiten Jahrhundert v. Chr. zu einer Hochburg des indischen Buddhismus entwickelte. In ihren Klöstern wurden zwischen etwa 100 v. Chr. und 500 n. Chr. die berühmten Werke der Gandhara-Kultur geschaffen, deren charakteristischer Stil auf griechisch-römische Einflüsse hinweist. Durch den Indienfeldzug von Alexander dem Großen (356–327/326 v. Chr.) war die griechische Kultur bis an den Hindukusch gelangt. Die Gandhara-Arbeiten zeigen den Buddha in menschlicher Gestalt, nachdem seine Anwesenheit auf Bildwerken zuvor, wie etwa bei den älteren Stupas von Sanchi, nur symbolisch angedeutet worden war.

Ausgehend von Gandhara verbreitete sich der Buddhismus über die Seidenstraße – jenes Netz von Karawanenstraßen, dessen Hauptroute den Mittelmeerraum auf dem Landweg über Zentralasien mit Ostasien verband. Über viele Generationen siedelten sich an ihr buddhistische Mönche und Nonnen verschiedener Traditionen an, die den Buddha-Dharma auf Routen alter Handelswege weitertrugen. Über das heutige Pakistan und Afghanistan kam er nach Zentralasien. Dort war er zu Beginn unserer Zeitrechnung bereits fest etabliert – in einer Phase, in der die Unterschiede in der Deutung des Dharma eklatant werden.

Nach Conzes Einteilung der Geschichte des Buddhismus in Perioden à 500 Jahren brach um die Zeitenwende eine zweite

Stupas

Der Stupa (*stūpa*), ein halbkugelförmiges Bauwerk, das historisch vermutlich auf vorbuddhistische Grabhügel zurückgeht, diente im frühen Buddhismus als Stätte der Aufbewahrung von sterblichen Überresten des Buddha und später herausragender Mönche. Bis heute fungiert er als Zentrum kultischer Verehrung, in dessen nicht begehbarem Inneren idealiter ein kleiner Hohlraum mit Reliquien, zum Beispiel Asche, einem Knochenstück, Haaren oder einem Zahn, sowie diversen anderen Beigaben gefüllt ist. Seine rituelle Umwandlung im Uhrzeigersinn (*pradakṣiṇa*) ist Ausdruck der Vergegenwärtigung des Buddha (*buddhānusmṛti*) und dient dem Zweck, religiöses Verdienst zu erwerben.

Der Stupa Nr. 1 im indischen Sanchi; 3.–1. Jahrhundert v. Chr., mit Tor zum unteren Umwandlungsgang. Eine Treppe führt hoch zu einem zweiten, von der Balustrade eingefassten Umgang.

Periode an, in der neue Ideen und Werte Gestalt in Form neuer Texte und Praxisformen annahmen und der Buddhismus nach China, Korea und Japan gelangte. Insbesondere die größeren Lehrrichtungen und Strömungen, die sich nun zu for-

Die Perioden der Geschichte des Buddhismus

Anknüpfend an den Buddhologen Edward Conze (1904–1979), lassen sich fünf Perioden der Geschichte des Buddhismus unterscheiden: 1. der alte Buddhismus (500–0 v. Chr.), 2. der Aufstieg des Mahayana (0–500 n. Chr.), 3. die Entwicklung des tantrischen Buddhismus und des Chan/Zen (500–1000 n. Chr.), 4. eine Phase der Konsolidierung (1000–1500 n. Chr.), 5. Begegnung und Austausch mit dem Westen (1500–2000 n. Chr.).

mieren begannen, werden *yāna* (»Fahrzeug [über den Strom des Leidens]«) genannt. Zu ihnen gehörte die Bewegung, die sich selbst als »Großes Fahrzeug« (*Mahāyāna*) bezeichnete, um sich von anderen, polemisch »Kleines« beziehungsweise »Minderes Fahrzeug« (*Hīnayāna*) genannten buddhistischen Schulen abzugrenzen. Anfänglich handelte es sich dabei vermutlich primär um Gruppierungen, die asketisch-monastische Lebensformen idealisierten und beanspruchten, einen besonders edlen Weg zu beschreiten.

Unter den späteren Traditionen, zu denen sich das Mahayana in Ostasien weiterentwickelte, sind einflussreiche Schulen wie die chinesische *Tiantai zong* (jap. *Tendaishū*) und die Schule des japanischen Tendai-Mönches Nichiren (1222–1282). Beide beziehen sich auf das *Saddharmapuṇḍarīka Sūtra* (»Sutra von der Lotusblüte des wunderbaren Gesetzes«; kurz: »Lotus-Sutra«), das wegen seiner Popularität bisweilen auch die »Bibel Ostasiens« genannt wird. Des Weiteren zählen dazu die Chan-/Zen-Schule und die *Jingtu zong* (jap. *Jōdoshū*), in deren Mittelpunkt die Rezitation des Namens des Buddha Amitabha steht, der im Reinen Land lehrt. Sie gehören heute zu den wichtigsten lebendigen Traditionen des Mahayana.

In dieser dritten Periode seit etwa 500 n. Chr. entstand auch der tantrische Buddhismus, der die Lehren des Mahayana zu psychologischen und kosmologischen Systemen weiterentwickelte. Aus Indien kommend, setzte er sich von Tibet aus bis zu den Mongolen durch. In geringerem Maße fand er zudem in Ost- und Südostasien Verbreitung, etwa in China, Japan und Indonesien. Er stützt sich auf sogenannte Tantras (»Gewebe«) – Ritualtexte mit gelegentlich erotischer Symbolik, von denen es heißt, nur eingeweihte Adepten könnten sie verstehen – und wird daher auch *Tantrayāna* (»Fahrzeug der Tantra-Texte«) genannt. Namen wie *Vajrayāna* (»diamantenes Fahrzeug«) und *Mantranaya* (»Mantra-Weg«) verweisen auf seine Betonung von Praktiken, in denen Gottheiten vor dem inneren Auge vergegenwärtigt werden, um die geistigen und psychischen Kräfte, für die sie stehen, zu integrieren. Dabei kommen Hilfsmittel wie Gesang, Musikinstrumente und symbolische Gegenstände, zum Beispiel Diamantzepter (*vajra*) und Glocke (*ghaṇṭā*), zum Einsatz, sowie stilisierte Gesten (Mudras), mystische Diagramme (Mandalas) und Silben und Wortformeln (Mantras). Sie sollen den Menschen auf verschiedenen Ebenen des sensorischen und mentalen Bewusstseins ansprechen sowie eine radikale Transformation zur Buddhaschaft bewirken.

Besonders nachhaltig wirkte das Tantra in Tibet, wo der Buddhismus im 8. Jahrhundert als »Staatsreligion« eingeführt wurde – wenn es auch nicht in allen Lehrtraditionen des tibetischen Buddhismus eine gleichgroße Rolle spielt. Während zum Beispiel die Schule der Sakyapa, die nach dem 1073 gegründeten Kloster Sakya benannt ist, und die der Kagyüpa, die sich auf den Inder Tilopa (988–1069) beruft, ihre Lehrüberlieferung programmatisch auf indische Tantriker des 11. Jahrhunderts zurückführen, betont die Schule der Gelugpa, die im 15. Jahrhundert aus der Kadampa-Tradition hervorging und deren Oberhaupt der Dalai Lama ist, die monastische Klosterdisziplin.

Dieser Vielstimmigkeit im Umgang mit dem Dharma in den ersten vier Perioden der Buddhismus-Geschichte verdankt sich eine Pluralität, Diversität und Heterogenität, wie sie sonst keine große Religion kennt. Sie zeigt sich uns nicht nur in einer unüberschaubaren Fülle von Institutionen, Praktiken und sinnlichen Bedeutungsträgern. Im Laufe der Geschichte sind auch viele verschiedene, jeweils als autoritativ erachtete Textkorpora entstanden. Neben dem Tipitaka sind die bekanntesten der chinesische Sanzang (chin. *sanzang*, »drei Schatzhäuser«) und der tibetische Kanjur (tib. *bka' 'gyur*, »übersetztes [Buddha-]Wort«). Während jener in China, Vietnam, Korea, Japan, Taiwan, Malaysia und Singapur verbreitet ist, bildet dieser gemeinsam mit dem Tenjur (tib. *bstan 'gyur*, »die übersetzten Lehrschriften«), Kommentaren zum Kanjur und anderen Abhandlungen das kodifizierte Schrifttum des tibetischen Buddhismus in Tibet, Bhutan, Sikkim, Nepal und der Mongolei. Dabei gibt es jeweils viele verschiedene, in Textbestand und -anordnung voneinander abweichende Editionen.

Im Bann der Veränderlichkeit

»Sieh mal«, holte mich Tashi, der von den Ghats zurückgekehrt war, in die Gegenwart zurück. Er deutete mit dem Kopf auf die Tibeterin, die im Aufbruch begriffen war. Sie hatte einen glänzenden weißen Schal aus ihrer Tasche genommen. »Das ist ein Haddak«, erklärte Tashi, »wir sagen auch Khata.« Ich nickte, der Haddak (tib. *kha btags*) war mir schon mehrfach begegnet. Er dient in den tibetischen und mongolischen Regionen als Begrüßungsschal, ist oft aus weißer Seide und steht für Glück, Wohlwollen und Mitgefühl. Wer ihn bei Besuchen und auf Festen überreicht, drückt gute Wünsche und sein reines Herz aus. Gegenüber höhergestellten Persönlichkeiten verbindet man damit oft ein Bittgesuch. Pilger überreichen Haddaks mit eingewebten buddhistischen Symbolen gerne Lamas oder binden sie um religiöse Statuen. Vermutlich, fügte Tashi hinzu, sei er für den Padmasambhava-Schrein oder den Nyingmapa Gompa am anderen Seeufer gedacht.

Tashi setzte sich wieder neben mich. »Und?«, fragte er. Ich wandte mich ihm zu und sah ihn an. Wie er, wie Yael, wie Duc war ich an der weltweiten Übertragung von buddhistischen Konzepten, Vorstellungen und Praktiken aus einem kulturellen Kontext in einen anderen beteiligt – ich war Teil des Austauschs, der dazu beiträgt, dass sich der Buddhismus ständig verändert.

Die Beobachtung der Szene an den Ghats hatte mir zudem verdeutlicht, was mir schon in Dharamsala immer klarer geworden war. Ein maßgeblicher Grund dafür, dass der Buddhismus seit einigen Jahrzehnten in bestimmten Teilen der Welt (wie Europa, Nord- und Südamerika, Afrika und Ozeanien) mehr und mehr Zulauf erfährt, sind die politisch bedingten Einbußen, die er im 20. Jahrhundert in anderen Teilen (wie Mongolei, Tibet, China und Ländern Südostasiens) erlitten hat. Sie haben zu folgenreichen Ausweichbewegungen geführt.

Emigranten und Exilanten aus Südostasien, wie etwa Ducs Eltern, flohen vor dem Vietnamkrieg in die USA oder europäische Länder und bauten dort ihre Tempel. Zu den bekanntesten vietnamesischen Persönlichkeiten zählt der Mönch Thich Nhat Hanh (geb. 1926), der aufgrund seiner Friedensaktivitäten im Exil bleiben musste. 1982 gründete er in der Nähe von Bordeaux das vielbesuchte Praxiszentrum »Plum Village«. Aufgrund seiner Aktivitäten im Bereich des »engagierten Buddhismus«, der auf aktuelle soziale und ökologische Probleme reagiert, gehört er heute zu den berühmtesten Buddhisten der Welt.

Ein weiteres Beispiel sind Exiltibeter wie Tashi selbst. Nach dem Einmarsch der chinesischen Volksbefreiungsarmee in Tibet und während der Kulturrevolution begannen die Tibeter ihre Praktiken und Lehren verstärkt in anderen Teilen der Welt fortzuführen und zu verbreiten. Neben Indien, wo 1959 Dharamsala dem Dalai Lama und mit ihm ins Exil gegangenen Regierungsmitgliedern als Aufenthaltsort zugewiesen wurde, gehören dazu Nordamerika und Europa. In Ländern wie der Bundesrepublik Deutschland, der Schweiz, Frankreich und Italien hat der tibetische Buddhismus seit den 1980er Jahren Erfolgsgeschichte geschrieben.

»Es ist die Flexibilität im Umgang mit Wandel und Veränderung, die mich am Buddhismus fasziniert, Tashi«, sagte ich. Ich blätterte abermals gedanklich in der Geschichte des Buddhismus zurück. Bei seiner Verbreitung hatte sich der Buddhismus dem Strom der Veränderung, von dem er spricht, gleichsam anverwandelt. Dabei hatten einerseits buddhistische, andererseits indigene, lokal gebundene Traditionen ineinandergegriffen. Ohne dieses Ineinandergreifen, das stets mit Wandel und Neubildungen einherging, wäre der Buddhismus undenkbar; ja es ist geradezu ein konstitutives Prinzip, das seine Verbreitung seit jeher kennzeichnet und ausmacht.

Man denke etwa an die Anfertigung von Übersetzungen und Kommentaren in so verschiedenen Sprachen wie Pali, Sanskrit, Chinesisch, Tibetisch, Singhalesisch, Thai, Japanisch,

Koreanisch und in Kulturräumen, deren Weltbilder sich erheblich voneinander unterschieden. Dabei sind seit der frühesten textuellen Überlieferung ungezählte Adaptionen und Abwandlungen entstanden; manches ist verlorengegangen, manches hinzugekommen. Auch die Verbindung mit bestehenden volksreligiösen Traditionen hat zahllose Veränderungen bewirkt. In ähnlicher Weise wie im frühen Buddhismus Indiens vorbuddhistische Götter, Geister und Dämonen unter neuer Bestimmung ihrer Rolle und Bedeutung übernommen wurden, brachte die Verbreitung des Dharma überall in Asien Formen der Angleichung und Eingliederung verschiedener Inhalte religiöser Überlieferung mit sich.

Ein bekanntes Beispiel aus Ostasiens Geschichte ist die Verschmelzung buddhistischer Lehren und Vorstellungen mit der einheimischen Religion Japans (*shinbutsu shūgō*). Als der Buddhismus im 6. Jahrhundert von China beziehungsweise Korea nach Japan gelangte, wurden Tempel-Schrein-Komplexe errichtet, in denen religiöse Spezialisten sich um die Kami, die lokalen Götter und Geister, kümmerten. Ziel war es, sie zu besänftigen und durch Sutrenrezitation dem Dharma zuzuführen. Dabei bildeten sich Legenden, in denen sich die Gottheiten der einheimischen Religion als lokale Manifestationen von Buddhas offenbarten, die sich dem Menschen aufgrund von dessen beschränktem Verständnis in Kami-Form zeigten. Diese Geschichten legitimierten die Verehrung sowohl von Kami als auch von Buddhas und anderen Mitgliedern des buddhistischen Pantheons und verwiesen zugleich auf die Überlegenheit der Buddha-Lehre.

Vergleichbare Prozesse sind für China und Tibet belegt. Auch dort wurden buddhistische Bauten an Stellen errichtet, an denen zuvor lokale oder regionale Gottheiten verehrt worden waren. Dabei wurden diese mit ihren Eigenschaften und Funktionen so ins buddhistische Pantheon eingegliedert, dass sie weiterhin zentrale Bedeutung für die Menschen vor Ort besaßen. Derweil schrieb man buddhistischen Wesen zugleich Eigenschaften und Aufgaben zu, die ihnen zuvor fremd gewesen waren. Von Samye zum Beispiel, dem ersten tibetisch-buddhistischen Kloster (etwa 60 Kilometer südöstlich von Lhasa) heißt es, der indische Gelehrte Shantarakshita (8. Jahrhundert), der zu seiner Gründung eingeladen worden sei, habe Padmasambhava holen lassen, da lokale Dämonen der Errichtung des Klosters entgegenarbeiteten. Padmasambhava habe daraufhin die autochthonen Gottheiten mit Hilfe seiner Siddhi »gezähmt« und zu Schützern der neu eingeführten Religion gemacht. Aus Prozessen dieser Art erklärt sich die enorme Fülle übermenschlicher Mächte in den buddhistisch geprägten Kulturen sowie die Verschiedenartigkeit ihrer rituellen Verehrung und Einbindung in komplexen Mythologien.

»Der Veränderlichkeit des Buddhismus entspricht eine Vielfalt, Tashi«, sagte ich, »die sich bei mir zu Hause besonders deutlich zeigt.« Ich berichtete ihm davon, dass in Deutschland zahlreiche Richtungen des Buddhismus vertreten sind. Keine von ihnen hat Exklusivität oder auch nur einen deutlichen Vorrang vor allen anderen erlangt. Wir haben es vielmehr mit einem Nebeneinander und einer Vermischung in verschiedenen Milieus zu tun, wobei sich Formen der Angleichung und Eingliederung namentlich bei den traditionsübergreifenden oder nachdrücklich säkular ausgerichteten Ansätzen und Schulen finden. Was sich davon durchsetzen wird, ist ungewiss. Mag es auch gewagte Prognosen geben, wie die Entwicklung weiter verläuft: Es handelt sich um fortdauernde Prozesse, deren Ende offen ist.

»In Großstädten ist das Angebot derzeit besonders groß«, beendete ich meinen Bericht. »Hier lässt sich leicht erkennen, dass es sich bei *dem* Buddhismus nicht um eine statische Einheit, einen monolithischen Block handelt, sondern um ein dynamisches Gefüge.«

»Wenn ich richtig verstehe, fasziniert dich also am Buddhismus, dass er ständig in einem Zustand des Flusses ist?«

Tashi blickte, während er sprach, über den See. Ein sachter Wind formte die Wasseroberfläche vor uns zu winzigen Wellen. Fische stoben vorbei, eine dichte, wimmelnde Masse, alle von derselben Farbe, Länge und Größe. In einiger Entfernung ertönte ein klapperndes Geräusch. Ein tibetischer Pilger in schmutziger Wollkleidung warf sich beim Gang um den See nieder. Er trug Filzstiefel, eine gegürtete Jacke und eine rote Mütze. Im Stil des Chaktsals (tib. *phyag 'tshal*, »Niederwerfen«) legte er die Hände zusammen und berührte mit ihnen Stirn, Hals und Herzgegend. Dann legte er sich mit ausgestreckten Armen der Länge nach so zu Boden, dass Stirn, Mund, Hände, Brust, Bauch und Knie die Erde berührten. Seine Hände waren durch hölzerne Brettchen geschützt, die den klappernden Ton erzeugten.

Ich nickte. »Das ist ein gutes Bild – der Buddhismus ist kein stehendes Gewässer, sondern fließt.«

Wir schwiegen, während sich der Pilger langsam entfernte und das Klappern immer leiser wurde. Die von Tashi gewählte Bildlichkeit passte auch angesichts der legendarischen Überlieferung zu Tso Pema, dem See, an dem wir saßen. Regionaler Erzählung zufolge war Padmasambhava, nachdem er sich den König von Mandi durch Beweis seiner Siddhi unterworfen hatte, von *hier* aufgebrochen, um die lokalen Gottheiten und Dämonen des tibetischen Lands zu bezwingen und so den Buddhismus zu verbreiten.

Ich zog mein Notizbuch hervor und hielt Situation und Wortwechsel fest. Die Bildlichkeit von Bewegung und Fluidität gefiel mir. Anders als ein essentialisierendes Traditionsverständnis erlaubt sie es, im Buddhismus ein vielfach bedingtes Netz verflochtener Flüsse mit jeweils verschiedenen Ursprüngen zu sehen.

»Wir haben es mit einem außerordentlich verzweigten Flusslauf zu tun«, sagte ich. »Er spaltet sich immer wieder in Netze kleiner Kanäle auf.«

»Und wie ist das für dich, Tashi?«, fragte ich. »Was ist für dich am Buddhismus besonders wichtig?« Tashi fuhr sich mit der Hand durch sein schwarzes Haar und grinste. »Endlich«, gab er zurück, »ich dachte, du würdest nie fragen.« Dann sah er über den See zu den Gompas.

»Es sind die kleinen Opfergaben«, sagte er, »die Süßigkeiten, Früchte und Blumen, die wir darbringen. Die Lichter, die wir entzünden. Das Räucherwerk, das wir abbrennen.« – »Und«, ergänzte er nach einer längeren Pause, »es sind die Geschichten, die wir erzählen. Zum Beispiel von Padmasambhava. Oder von Buddha Shakyamuni. Sie geben mir Hoffnung und ein Gefühl von Heimat, egal wo ich bin und wie es mir geht.«

In Bewegung, unterwegs

Das Gespräch am Rewalsar-See hat sich mir aus verschiedenen Gründen eingeprägt – nicht nur, weil ich meine Notizen noch vor Ort zu einem detaillierten Gesprächs- und Gedankenprotokoll ausgearbeitet habe. Ein weiterer Grund war der, dass im selben Jahr Thomas A. Tweed, ein US-amerikanischer Religionswissenschaftler, unter dem bezeichnenden Titel *Crossing and Dwelling* (2006) eine bemerkenswerte Religionstheorie herausbrachte. Sie nutzt eine Fülle von Raum- und Wassermetaphern, um ein dynamisches Verständnis von Religion zu vermitteln, das Sichtweisen auf grenzüberschreitende Verflechtungen befördert. Tweed vertritt darin die Ansicht, dass Prozesse des Überquerens und Überschreitens sowie Sich-Niederlassens und Heimischwerdens Merkmale von Religion sind. Religionen sind ständig »in Bewegung« und »unterwegs«; in »Zusammenströmungen« von historischen, soziokulturellen und persönlichen *flows* bilden sie sich jeden Moment neu.

Eine besondere Qualität dieser Religionstheorie ist es, dass sie das Verhältnis der Wissenschaft zu ihrem Gegenstand konsequent mitdenkt. Religion, und damit auch der Buddhismus, und Religionswissenschaft sind in Tweeds Ansatz nicht voneinander losgelöst zu denken. Sie sind für ihn vielmehr ein Produkt von Kontaktsituationen und Austauschbeziehungen. Jeder Beobachter von Religion ist

> Teil des empirischen Feldes, das er beobachtet,
> Teil der Geschichte, die er mit Menschen in diesem Feld teilt,
> Teil der Beziehung zu ihnen, durch die er sich beständig wandelt –

und mit diesen Veränderungen verändern sich auch die Theorien.

Tweed ›fluidisiert‹ Wissenschaft und Wissenschaftler gewissermaßen, indem er Theoriebildungen und Forschungsergebnisse als »verortete« Repräsentationen begreift, als »Sichtungen aus der Perspektive bestimmter Gegenden«, die sich

»auf ein sich ständig veränderndes Terrain« beziehen. Forschende sind diesem Verständnis nach Reisende, die ihre Studien auf bestimmten Wegen, Trassen und Routen betreiben. Ihre Ergebnisse ändern sich abhängig von der Gegend, in der sie sich befinden, und den Wegen, die sie wandeln. Und das wirkt sich auch auf das, was sie untersuchen, aus.

Von diesem Standpunkt aus ist Religion – und damit auch der Buddhismus – nicht etwas Gegebenes, dessen ›Wesen‹ bestimmbar wäre, sondern sie entsteht durch Ineinandergreifen und Verflechtung von Handlungs- und Vorstellungshorizonten sehr unterschiedlicher Reichweite. Die Frage, was der Buddhismus eigentlich sei, lässt sich demnach nicht mit einer erschöpfenden Definition beantworten. Mit der Betonung des Mobilen, Fließenden und Grenzüberschreitenden rückt aber das, was ihn ausmacht, ins Zentrum der Aufmerksamkeit: sein andauerndes In-Erscheinung-Treten als veränderliches Ergebnis zahlreicher Faktoren, die miteinander in Wechselwirkung stehen.

Im Folgenden geht es um einen dieser Faktoren – das Geschichtenerzählen, das im Zusammenspiel mit bestimmten Ritualen einen wichtigen Ankerpunkt der religiösen Identität vieler Buddhistinnen und Buddhisten bildet. Ich wende mich ihm vor allem deshalb zu, weil die erzählten Geschichten in der westlichen Wahrnehmung des Buddhismus zwar einen gewissen Stellenwert als Stoff- und Motivgeber für Literaturen und Künste haben. Darüber hinaus aber werden sie eher wenig beachtet, ja bisweilen erregen sie gar Befremden oder rufen Ablehnung hervor.

Im Tea House – oder: Leben und Legende des Buddha

Erzählen als religiöse Praxis

Der Buddhismus verfügt über eine umfängliche Kosmologie mit einem stattlichen Arsenal an Figuren – Buddhas, Bodhisattvas, Göttern, Dämonen, Geistern und weiteren Wesen, die verschiedenen Bereichen der Reinkarnation zugeordnet sind. Gemeinsam bevölkern sie das Universum, das sich in einem ewig währenden Kreislauf zwischen Entstehen und Vergehen in unendlichen Weltzeitaltern befindet. Wer mit seinem physischen Tod für immer das leidhafte Dasein verlässt, geht, so lautet die große Erzählung, einen kosmologisch folgerichtigen Weg. Ihn sind der Buddha und vor ihm schon andere große Buddhas ebenfalls gegangen – allen erlösungsbedürftigen Wesen zum Vorbild.

Die zahlreichen Geschichten, die diesen Stoff variieren, bilden eine tragende Säule des Buddhismus und erinnern an europäische Erzählformen wie Mythos, Legende, Fabel und Parabel. Sie dienen der Orientierung und Belehrung und haben sinn- und gemeinschaftsstiftende Funktion. Ihre bild- und gleichnishafte Sprache transportiert Deutungen der Wirklichkeit und lässt Raum für Erfahrungen. Im Pali-Kanon sind sie gebündelt nach Literaturkategorien, die Namen wie »Götterpalastgeschichten« (*Vimāna vatthu*), »Hungergeistergeschichten« (*Peta vatthu*) und »Vorgeburtsgeschichten [aus früheren Existenzen des Buddha]« (*Jātaka*) tragen. Die Worte und Handlungen ihrer Figuren, die vom Protagonisten über den Widersacher und den Helfer bis zum Zuhörer oder Zuschauer reichen, vermitteln, was das leidhafte Dasein verursacht und wie ihm zu entkommen ist.

Ein bekanntes Beispiel sind die Geschichten über Mara, den Gott des Todes und der Wiedergeburt, der oft als das personifizierte Böse im Buddhismus beschrieben wird. In der Lebensgeschichte des Buddha tritt er mehrfach als dessen Widersacher auf, der für das steht, was Leiden verursacht. Zu Maras Gehilfen zählen, wie das *Padhāna Sutta* des Pali-Kanon (SN 3,2) schildert, ganze Heere von Mächten unheilsamer Verstrickung. Ihnen zu widerstehen ist für alle auf dem Pfad zur Befreiung oberstes Gebot – gelungen ist es dem Buddha: Als Mara ihn vor seinem Erwachen unter dem Bodhibaum mit seinen Legionen attackiert, erringt er einen überwältigenden Sieg; und auch als Mara ihn danach zum sofortigen Eintritt ins Nirwana zu überreden sucht, widersteht er ihm. Laut dem *Mahāparinibbāna Sutta* des Pali-Kanon (DN 16,3,6) erwidert der Buddha, er werde die Welt nicht eher verlassen, als wenn seine Lehre erblüht und seine Gemeinschaft aus Mönchen, Nonnen und Laienanhängern und -anhängerinnen etabliert sei.

Die Forschung hat die Bedeutung solcher Geschichten für den Buddhismus hervorgehoben. Damien Keown zum Beispiel spricht in seiner Einführung *Der Buddhismus* (2001) von der »narrativen oder mythischen Dimension« als einem der sieben Bereiche (man könnte auch sagen: Faktoren), die den Buddhismus ausmachen. Keown knüpft dabei an das multidimensionale Religionsmodell an, das Ninian Smart in *The World's Religions* (1989) vorgelegt hat, und unterscheidet sechs weitere konstitutive Bereiche – die praktische und rituelle, die erfahrungsmäßige und emotionale, die doktrinale und philosophische, die ethische und rechtliche, die soziale und institutionale sowie die materielle Dimension.

Ich erwähne dieses Modell auch deshalb, weil es eine Ursache der Vielfalt des Buddhismus betont – nämlich, dass die einzelnen Bereiche je nach Milieu und Kultur unterschiedlich stark gepflegt werden und ineinandergreifen. Während etwa westliche Kreise, die unter dem Einfluss von Buddhismus-Reformern wie Anagarika Dharmapala stehen, glaubensgeführte Erzählpraktiken und Formen religiösen Vollzugs stark einschränken oder gar verwerfen, werden diese Elemente der mythischen und der rituellen Dimension in Asien in Gemeinschaften mit jahrhundertealten Traditionen rege gepflegt – und dies in enger Verschränkung. Heilsgestalten – vor allem Buddhas, Bodhisattvas, aber auch Schutzgottheiten oder bedeutende Arhats, die in der Nachfolge des Dharma Erwachen erlangt haben – sind dort immer Gegenstand sowohl erzählter Geschichten als auch der Andachtspraktiken. Vor ihren Kultbildern werden Opfergaben wie Räucherwerk und Nahrungsmittel, bisweilen auch Kleiderspenden dargebracht und buddhistische Texte rezitiert. Die Geschichten über sie künden von ihren besonderen Befähigungen und Taten im kosmischen Heilsdrama und machen sie durch Angabe konkreter Orte, Zeiten und Geschehnisse fassbar. In Ostasien wird auf diese Weise auch Schulgründern und berühmten Äbten gehuldigt.

Nicht wesentlich anders verhält es sich in Thai-Wats, vietnamesischen Pagoden oder Tempeln des chinesischen Buddhismus im Westen, die herkömmliche Formen religiöser Organisation fortführen, wobei sie auf Bedürfnisse von asiatischen Zuwanderern und Geflüchteten ausgerichtet sind: Mit Bezug auf die erzählerisch überlieferte Besonderheit der verehrten Gestalten werden auch dort Bildnisse und Schreine verehrt, um Verdienste für die jetzige und zukünftige Existenz zu erwerben. Man glaubt, dass das jetzige Leben nur eine Episode in der langen Kette von Existenzen ist, und hofft, dass es zu einer günstigen Wiedergeburt kommt. Ziel ist es, in der Menschenwelt wiedergeboren zu werden, nicht in der Welt der Tiere, Gespenster und Höllenwesen, da es für diese nahezu unmöglich ist, Nirwana direkt zu erlangen. Auch eine Wiedergeburt im Himmel gilt als erstrebenswert. An verschiedenen Stellen des Pali-Kanon etwa werden konkrete Praktiken empfohlen, die zu einer solchen Geburt führen können.

Ist schon das alltägliche Treiben in einem buddhistischen Tempel von diesen Vorstellungen und Praktiken bestimmt, sind es die Feiertage erst recht. Asiatische Buddhisten feiern oft und gerne. Reliquienfeiern, spezielle Tempelrituale und Schriftverehrungen sind fester Bestandteil des buddhistischen Festkalenders. Sie werden häufig in ausgelassenen Volksfesten gefeiert, in jedem Land und jeder Tradition anders. Die meisten Termine richten sich dabei nach dem Mondkalender.

Ein anschauliches Beispiel bildet Vesakh (*vaiśākha*; p. *vesākha*), einer der höchsten Feiertage des Festkalenders aller buddhistischen Richtungen. An ihm begehen Buddhisten Geburt, Erwachen und Tod des Buddha in symbolisch-ritueller und szenisch-narrativer Form. Dabei üben sie in besonderem Maß Gebefreudigkeit. Tempel und Klöster erhalten Spenden wie Kleidung, Medizin und Geld für ihre Instandhaltung, Bedürftige werden mit Speisen versorgt – ein Brauch, den fast alle buddhistischen Gemeinden von Zuwanderern in westlichen Ländern beibehalten. Wer das Vesakh-Fest zum Beispiel in den USA oder in Deutschland mit Thais, Vietnamesen oder Chinesen feiert, kann miterleben, wie nach gemeinsamer Mahlzeit am Festende die Spendengelder gezählt und ihre Verwendungszwecke verkündet werden.

Die Feierlichkeiten selbst verlaufen regional unterschiedlich, wobei bestimmte Programmpunkte überregional wiederkehren – wie das gemeinsame Sprechen devotionaler Texte und Darbringen von Blumen- und Kerzengaben sowie die Prozession, bei der das Bildnis des Buddha durch den Tempel oder gar anliegende Straßen getragen wird. Handelt es sich um die Figur des Neugeborenen (»Baby-Buddha«), wird sie anschließend in einer rituellen Waschung mit Flüssigkeit, meist parfümiertem Wasser oder Tee, übergossen. Vor und nach der Prozession erinnern Reden von Vertretern des Klerus und szenische Aufführungen durch Laien an wunderbare Ereignisse im Leben des Buddha, die ihn als über die Welt erhabenes Wesen ausweisen sollen. Seine Empfängnis und Geburt etwa, bei denen die ganze Welt in strahlendes Licht getaucht gewesen sei, werden als bewusstes Eingehen in den und Austreten aus dem Mutterleib erzählt.

Hinter diesen Darstellungen, in denen das Leben des Buddha von der Zeit im Mutterleib an ins Übergroße gesteigert ist, steht der Gedanke der Wiedergeburt. Dazu gehört die Vorstellung, dass angehende Buddhas im Tushita-Himmel residieren, wo alle Buddhas vor ihrer letzten Wiedergeburt leben. Aus diesem seligen Bereich, in dem derzeit noch der nächste Buddha, Maitreya, weile, heißt es, sei der spätere Buddha Gautama im Beisein zahlreicher übermenschlicher Wesen herabgestiegen, um sein letztes Leben in unserer Welt zu verbringen. Diese Vorstellung hat sich als ungemein produktiv erwiesen – insbesondere dort, wo das mahayanische Bodhisattva-Ideal Gläubige dazu anhält, ein Bodhisattva und damit, in ferner Zukunft, selbst ein Buddha zu werden.

Im Folgenden berichte ich aus einem Gespräch, das ich im März 2008 in der Stadt Cambridge im US-Bundesstaat Massachusetts geführt habe. Dort lebte ich seit September 2007, was mir die Gelegenheit gab, mir einen Überblick über die buddhistische Landschaft der Region zu verschaffen. Besonders häufig besuchte ich eine Gemeinde aus dem Bereich des chinesischen Mainstream-Buddhismus – was sowohl in die obige Skizzierung der Verschränkung von »ritueller« und »mythischer« Dimension eingeflossen ist als auch in die nachfolgende Darstellung des Gesprächs. Wie für die erste Episode, am Lotus-See, gilt auch für diese zweite Episode, im Tea House der Gemeinde, dass es mir nicht darum geht, etwas so abzubilden, ›wie es wirklich ist‹ beziehungsweise war. Vielmehr biete ich dem Leser eine erzählerisch verdichtete Wirklichkeitsdarstellung in literarisierend strukturierter Form an.

Buddhismus in den USA

»Ich halte das nicht aus«, sagte Susan, mit der ich mich in einem Buchladen in der Nähe des Harvard Square in Cambridge getroffen hatte. »Immer diese Geschichten, in denen es von übermenschlichen Wesen nur so wimmelt!« Sie sah mich verzweifelt an, während wir den Laden verließen, jede mit einem in Papier gewickelten Stapel neu erworbener Bücher unter dem Arm. »Jeder Mensch weiß doch, dass das alles erfunden ist.«

Susan ist eine befreundete Kollegin aus Massachusetts, deren Mann Brian, ein erfolgreicher Schriftsteller, sich im Mai 2007 dem Buddhismus zuwandte, nachdem sie gemeinsam ein Vesakh-Fest besucht hatten. Susan war nach kurzer Zeit gegangen, doch Brian war noch lange auf dem Fest geblieben – mit dem Ergebnis, dass er seitdem in der Region Greater Boston verschiedene buddhistische Einrichtungen aufsuchte, um eine für ihn passende Richtung zu finden.

Infolge langfristiger Entwicklungen in den USA hatte Brian dabei eine große Auswahl. Die ersten Buddhisten waren als Einwanderer aus Japan und China schon seit Mitte des 19. Jahrhunderts nach Nordamerika gekommen. Bis in die 1880er Jahre wuchs allein die Zahl der Chinesen in Kalifornien, Montana und Idaho auf über 100 000, und es entstanden bis 1900 im Westen der USA Hunderte von Tempeln und Andachtsstätten, die nicht selten die amerikanische Bevölkerung irritierten. In dieser angespannten Atmosphäre löste das berühmte »Weltparlament der Religionen« von 1893 in Chicago, bei dem auch asiatische Repräsentanten des Buddhismus auftraten, in Nordamerika heftige religiöse Diskussionen aus. In der Folge passte sich der Buddhismus, vor allem in den 1920er und 1930er Jahren, teilweise an den amerikanischen Mainstream an.

Seit der zweiten Hälfte des 20. Jahrhunderts sind buddhistische Schulen, Bewegungen und Gruppierungen in den USA fest beheimatet. Infolge geänderter Einwanderungsbestimmungen strömten seit 1965 große Zahlen an Immigranten aus Süd- und Ostasien in die USA, ab den 1970er und 1980er Jahren auch Flüchtlinge aus Vietnam, Laos und Kambodscha, die Hunderte von Tempeln und Pagoden errichteten. Überdies bildeten sich dort zunehmend Gemeinschaften und Netzwerke US-amerikanischer Konvertiten und Vertreter eines traditionsübergreifenden Buddhismus. Da sie mehr und mehr in den Fokus der Medien gerieten, bestimmen sie durch ihre Sichtbarkeit das heutige Verständnis des Buddhismus, dessen Akzeptanz in der Gesellschaft sich auch in Umfragedaten ausdrückt. Einer US-Studie nach, die 2004 im *Journal of the Scientifc Study of Religion* erschien, gaben 30 Prozent der amerikanischen Bevölkerung 2002/2003 an, mit dem Buddhismus vertraut zu sein. 59 Prozent äußerten, sie würden »eine stärkere Präsenz von Buddhisten in den Vereinigten Staaten begrüßen«.

Eine Schlüsselrolle in diesen Prozessen spielte der Einfluss des oben genannten japanischen Gelehrten D. T. Suzuki, der seinen Abt Shaku Soyen (1860–1919) 1893 als Übersetzer zum »Weltparlament der Religionen« begleitet hatte. Suzuki kehrte nach dem Kongress zwar zunächst mit seinem Meister nach Japan zurück, lebte ab 1897 aber wiederholt mehrere Jahre in den USA, ab 1950 in New York. In Publikationen und Vorträgen vertrat er mit großer Öffentlichkeitswirksamkeit die Idee, dass im Mittelpunkt des Zen-Buddhismus die individuelle, mystische Erfahrung eines Erwachens (jap. *satori*) zu einer neuen Wirklichkeit stehe, in der Spontaneität und Kreativität tragend seien.

Diese westlich-psychologisch inspirierte Interpretation des Zen als eine Art universelle Mystik jenseits rational-logischen Denkens und gesellschaftlicher und kultureller Konventionen war überaus erfolgreich. Sie hat das Verständnis nicht nur des Zen, sondern generell ›*des*‹ Buddhismus in den USA (und in Europa) tiefgreifend geprägt. Fand sie doch Anklang bei Akademikern, Intellektuellen und Künstlern, die sie ihrerseits verbreiteten. Zudem prägte sie den Diskurs der gegenkulturellen, alternativen Bewegungen an der Ost- und Westküste, der im Verlauf der Jahrzehnte weite Teile der US-amerikanischen (und europäischen) Gesellschaft beeinflusst hat. Vermittelnd wirkte dabei die poetische »Beat-Zen«-Bewegung um Jack Kerouac (1922–1969) und Gary Snyder (geb. 1930).

Die buddhistische Landschaft, die sich seither in den USA entwickelt hat, ist von kulturellen Verschränkungen bestimmt. War sie bis in die zweite Hälfte des 20. Jahrhunderts dadurch gekennzeichnet, dass einerseits asiatische Immigranten, andererseits US-amerikanische Bürger aus mehrheitlich künstlerischen und bürgerlichen Zusammenhängen christlicher Prägung nebeneinanderher lebten, ist die Gemengelage inzwischen komplexer. Sie zeigt deutlich, dass Nationalität nicht mit Ethnizität und diese wiederum nicht mit Religionszugehörigkeit gleichzusetzen ist. Nachdem kritische Stimmen wie die von Wakoh Shannon Hickey im *Journal of Global Buddhism* (2010) laut geworden sind, überdenkt die Forschung die *Two Buddhisms*-Typologie, die in den 1970er Jahren für einen Teil des Buddhismus in den USA entwickelt wurde. Ist doch ihre Unterteilung in »ethnische (asiatische) Buddhisten« und »westliche (›weiße‹) Konvertiten« für eine Charakterisierung der Gesamtlage des Buddhismus im Westen nur bedingt geeignet.

Besonders deutlich wird dies an multikulturellen Ballungszentren der West- und der Ostküste wie Greater Boston. Die Region hat den Charakter eines städtischen Gesellschaftslabors, in dem dank zahlreicher Kulturkontakte Knotenpunkte weltweiter Netzwerke und Bewegungen entstanden sind. Dort gedeiht eine bunte Mischung buddhistischer Traditionen, die sich produktiv mit vorherrschenden Diskursen der westlichen Moderne verbinden. Allein in Cambridge selbst waren in den Jahren meines Aufenthalts mehrere Einrichtungen für ihr Meditationsangebot auf Grundlage moderner Ansätze bekannt, das sowohl von Buddhisten und Buddhismus-Sympathisanten als auch Nicht-Buddhisten wahrgenommen wurde. Besonders genannt seien die ältesten und zugleich größten Einrichtungen: die *Cambridge Buddhist Association*, eine nichtkonfessionelle Organisation, die 1957 von Shinichi Hisamatsu (1889–1980) und D. T. Suzuki mitgegründet wurde; das *Cambridge Zen Center* der koreanischen Kwan Um Zen-Schule, das 1973 von Studenten unter dem Zen-Meister Seung Sahn (1927–2004) gegründet wurde und 1982 an seinen jetzigen Standort zog; und das *Cambridge Insight Meditation Center*, dessen Einrichtung als gemeinnütziges städtisches Zentrum für die Ausübung von Einsichtsmeditation 1985 nach Gründung der *Insight Meditation Society* in Barre im Jahr 1975 erfolgte. Viele weitere Institutionen rundeten das Angebot ab. Bei ihren Besuchen stellte ich fest, dass unter denen, die in der Region lebten und ihrem Selbstverständnis nach zum Buddhismus »konvertiert« waren, keinesfalls nur europäisch-amerikanische, sondern auch asiatisch-amerikanische, afroamerikanische und zugezogene asiatische Akteure waren.

Susan und Brian, europäischstämmige Akademiker aus Nordamerika in meinem Alter, lernte ich im 1999 gegründeten Greater Boston Buddhist Cultural Center (GBBCC) kennen, dem lokalen Zentrum des chinesisch-buddhistischen Fo Guang Shan-Ordens. Fo Guang Shan (wörtlich »Buddha-Glanz-Berg«) wurde 1967 in Taiwan von Meister Hsing Yun (1927–2023) gegründet, der sowohl in der chinesischen Generationenfolge der Chan-buddhistischen Rinzai-Schule als auch in der des Qixia-Tempels in Jiangsu steht. Der Orden ist ein besonders bekannter Vertreter des »humanistischen Buddhismus«. Seine Mission ist es, mit derzeit rund 1250 Mönchen und Nonnen sowie der Laienorganisation Buddha's Light Interna-

Das ehemalige *Greater Boston Buddhist Cultural Center* (GBBCC), 950 Massachusetts Ave, Cambridge, MA 02139, am Fenster Tische des vegan-vegetarischen Tea House; März 2008.
Der chinesischen Küche der Mahayana-Tradition folgend werden in der Tempelküche des Fo Guang Shan-Ordens nur natürliche Zutaten verwendet und Gewürze wie Knoblauch, Zwiebeln und Lauch gemieden. Jede Gemüsesorte wird ihrem spezifischen Charakter gemäß in besonderen Töpfen auf verschieden großen Flammen zubereitet. Das Zentrum befindet sich unter dem neuen Namen Fo Guang Buddhist Temple (FGBT) Boston heute am Standort 711 Concord Ave, Cambridge, MA 02138.

tional Association (BLIA), die nach Angaben des Hauptquartiers in Kaohsiung über eine Million Mitglieder zählt, ein innerweltlich konzipiertes »Reines Land auf Erden« zu verwirklichen. Zu diesem Zweck hat er – seit Eröffnung des Hsi Lai-Tempels in Hacienda Heights, Kalifornien, im Jahr 1988 – ein großes Netz von Niederlassungen aufgebaut, die überwiegend von Nonnen geleitet werden. Ihre Aufgabe ist es, einerseits Chinesen aus Taiwan und der Volksrepublik China sowie asiatische Überseechinesen kulturell-religiös zu binden, andererseits in die jeweilige Gesellschaft vor Ort hineinzuwirken. Das Angebot umfasst daher sonntägliche Andachten und mehrtägige Feiern buddhistischer Feste mit Sutrenrezitationen in chinesischer Sprache, die das Verständnis des Dharma vertiefen sollen, aber auch Sitz- und Gehmeditationen, die in der jeweiligen Sprache der Gastgesellschaft angeleitet werden. Hinzu kommen, zwecks Vermittlung der chinesischen Kultur, Sprach- und Kalligraphiekurse.

Das GBBCC betrieb zudem ein vegan-vegetarisches Restaurant, das Tea House, in dem Susan und Brian regelmäßig zu Mittag aßen. Es war in Cambridge weithin für seine wohlschmeckende Tempelküche bekannt, in der unter Rezitation von Mantras und mit der Haltung besonderer Achtsamkeit gekocht wurde. Besonders groß war sein Zulauf zweimal pro Monat freitags ab 18.30 Uhr, wenn die Nonne, die dem GBBCC als Äbtissin vorstand, unter dem Slogan *Dinner with Dharma* erst zur Chan-Meditation im Schreinraum, dann zu Buffet und Dharma-Vortrag im Restaurant einlud. Bei der Veranstaltung saß die multikulturelle und multiethnische, aus allen sozialen Schichten stammende Besucherschaft an langen Tischen, um gemeinsam zu speisen und buddhistische Lehrinhalte zu erörtern. Das Tea House platzte an diesen Abenden aus allen Nähten.

Angesichts des breiten buddhistischen Angebots der Bostoner Region war es für Brian selbstverständlich, Unterweisungen verschiedener Richtungen vor Ort zu folgen und unterschiedliche Meditationspraktiken auszuprobieren. Ergänzend griff er auf das schon damals zunehmende Angebot an Live-Übertragungen und Podcasts zu, die einen festen Bestandteil buddhistischer Kommunikation zu bilden begannen. Mit seinem Laptop sah er sich fast täglich Dharma-Vorträge an, hörte Audiomitschnitte oder nahm an Online-Meetings teil, bei denen Teilnehmer aus aller Welt miteinander Lehrinhalte diskutierten oder gemeinsam Übungen durchführten.

Während wir über den Harvard Square schlenderten, vorbei an Straßenkünstlern, Schachspielern und politischen Aktivisten, schilderte mir Susan bekümmert die Lage. »Diese neue Entwicklung erstreckt sich inzwischen auf unser ganzes Zusammenleben«, klagte sie. Brian saß oft mit seinem Laptop im Wohnzimmer, wo er neben der Couch ein Vesakh-Poster von einem Baby-Buddha aufgehängt hatte. Auf seinem Nachttisch im gemeinsamen Schlafzimmer stapelten sich Bücher und Zeitschriften zum Buddhismus, die er bis spät in die Nacht las, während Susan zumeist bereits schlief oder zumindest so tat. »Aber natürlich lese ich diese Sachen«, sagte sie. »Ich will doch wissen, in was Brian da geraten ist und warum er sich so sehr für den Buddha interessiert!«

Wirklichkeit »ohne Selbst«

Das Treffen von Susan und mir an jenem Freitag im März hatte sich nicht zufällig ergeben. Susan hatte mich darum gebeten, da Brian für 14 Tage an die Westküste geflogen war.

»Er will dort mehrere buddhistische Klöster aufsuchen«, sagte sie, während ich die Tür zum Tea House auf der Massachusetts Avenue öffnete. Sie sah mich niedergeschlagen an. »Du weißt, mit Religion konnte man mich schon als Kind jagen«, seufzte sie, und dass sie nicht verstehe, warum Brian die existentiellen Herausforderungen des Lebens auf diese Weise angehe. Schließlich habe er Philosophie studiert. »Ein Fach, das ihm doch eigentlich genügend Möglichkeiten bieten müsste.«

»So fern liegt das gar nicht«, erwiderte ich, nachdem wir an einem Tisch am Fenster Platz genommen hatten. Der Buddhismus umfasst unterschiedlichste Lehrmeinungen über die Natur des Daseins, die Fragen der Veränderung, Vergänglichkeit und Wahrnehmung der Wirklichkeit zum Gegenstand haben. Diese Themen haben seit dem 19. Jahrhundert im Westen die einseitige Sicht entstehen lassen, der Buddhismus sei »eine Philosophie«. Ich hatte Brian als einen kritischen Geist kennengelernt, den ebensolche Fragen umtrieben. Er wollte wissen, was die Welt im Innersten zusammenhält, befasste sich mit Möglichkeiten und Grenzen von Wahrnehmung und Erkenntnis sowie mit der Frage, wie Bewusstsein und Geist sich zu Körper und Materie verhalten. Die Beschreibungssysteme, die buddhistische Traditionen für die erlebte Wirklichkeit entwickelt haben, waren vor diesem Hintergrund für ihn von großem Interesse, und er wollte, wie er mir anvertraut hatte, ein Buch zur Thematik schreiben.

»Viele buddhistische Texte und Schulrichtungen«, sagte ich, »bieten Konzepte zu Themen an, die Brian beschäftigen.« Es gehört zum buddhistischen Grundverständnis der Existenz, dass alles dem nicht endenden Wandel von Entstehen und Vergehen unterworfen ist (p. *aniccā*), dass sich etwas nicht Abhängiges in der Welt nicht ausmachen lässt sowie dass alle Dinge und Phänomene ohne einen unveränderlichen Wesenskern existieren (p. *anattā*). Diese allgegenwärtige Vergänglichkeit gilt als einer der Gründe des Leidens (p. *dukkha*). Seit den Anfängen des Buddhismus sind verschiedene Ideen durchgespielt worden, um der in Indien verbreiteten brahmanischen Vorstellung, dass es ein eigentliches Wesen des Menschen gebe – den unsterblichen Atman (*ātman*; p. *attā*; das »Selbst«), der unverändert in immer neuen Körpern wiedergeboren werde –, überzeugende Alternativen entgegenzuhalten. Dabei wurde der Gedanke der Vergänglichkeit mit einer Analyse des Menschen verknüpft, die *ohne* einen beständigen substantiellen Träger seiner wechselnden Zustände und Eigenschaften auf körperlicher, emotionaler und geistiger Ebene auskommt.

Dieser Analyse nach ist die Wirklichkeit »ohne Selbst« (*anātman*; p. *anattā*), es gibt keine Seele. Jedes Individuum besteht vielmehr aus einer vergänglichen Zusammensetzung von fünf Komponenten, die auch als Daseinsfaktoren bezeichnet werden (*skandha*; p. *khandha*): 1. Körper (*rūpa*), 2. Empfindung (*vedanā*), 3. Wahrnehmung (*saṃjñā*; p. *saññā*), 4. Geistesformation (*saṃskāra*; p. *saṅkhāra*) und 5. Bewusstsein (*vijñāna*; p. *viññāna*). Sie verändern sich in jedem Moment, bedingt durch den komplexen Zusammenhang des »Entstehens in Abhängigkeiten« (*pratītyasamutpāda*; p. *paṭiccasamuppāda*), und aus ihnen konstituiert sich die sichtbare Person, die jedoch letztlich nur ein vergängliches, leidvolles Zusammenspiel der Skandhas ist.

Dieses Prinzip ist es auch, das laut buddhistischer Lehre die Wiedergeburt bestimmt. Sie erfolgt nicht als Wanderung einer dauerhaften Seele, sondern abhängig von allen körperlichen, sprachlichen und geistigen Handlungen eines Individuums während seines Lebens – als Ergebnis eines Konditionalnexus, in dem jedes Ding und jedes Phänomen, das das individuelle Dasein ausmacht, jeweils durch etwas anderes bedingt entstanden ist und selbst wiederum das Entstehen von etwas Neuem bedingt. Es gilt, diesen vergänglichen und leidvollen Zusammenhang – und mit ihm die drei Geistesgifte als »nicht

Entstehen in Abhängigkeit

Die frühen buddhistischen Texte beschreiben den Mechanismus des nicht endenden Wandels mit der Theorie der ursächlichen Abhängigkeit des Entstehens jedweder psychophysischen Existenz in der Welt. Sie gehört zum Grundbestand der buddhistischen Lehre, wobei die Anzahl ihrer Glieder variiert. Die zwölfgliedrige Formel, die sich durchgesetzt hat, lautet in Kürze:

Abhängig von

(1) Unwissenheit (*avidyā*; p. *avijjā*)

entstehen

(2) Kräfte der Geistesformation (*saṃskāra*; p. *saṅkhāra*)

– davon abhängig entsteht

(3) Bewusstsein (*vijñāna*; p. *viññāṇa*)

– davon abhängig entstehen

(4) Geistigkeit und Körperlichkeit (*nāmarūpa*)

– davon abhängig entstehen

(5) die sechs Sinnesbereiche (*ṣaḍāyatana*; p. *saḷāyatana*)

– davon abhängig entsteht

(6) (Sinnes-)Kontakt (*sparśa*; p. *phassa*)

– davon abhängig entsteht

(7) Empfindung (*vedanā*)

– davon abhängig entsteht

(8) Begehren (*tṛṣṇā*; p. *taṇhā*)

– davon abhängig entsteht

(9) Anhaftung (*upādāna*)

– davon abhängig entsteht

(10) das Werden (*bhava*)

– davon abhängig entsteht

(11) Geburt (*jāti*)

– davon abhängig entstehen

(12) Alter und Tod (*jarāmaraṇa*)

Drei-Leiber-Lehre (*trikāya*)

Der Drei-Leiber-Lehre des Mahayana nach wirkt der Buddha in menschlicher Form in der Erscheinungswelt (*nirmāṇakāya*, »manifester Leib«). Ihm übergeordnet sind die transzendenten Buddhas, die das erreichte Ziel, die Buddhaschaft, genießen (*saṃbhogakāya*, »Genuss-Leib«). Über ihnen steht als Absolutes der *dharmakāya* (»Dharma-Leib«).

ich« beziehungsweise »nicht mein«, sondern vielfach bedingt und vergänglich – zu erkennen.

Spätere Schulen haben diesen Antisubstantialismus des frühen Buddhismus in umfänglichen Debatten, systematischen Darstellungen und Kommentierungen der Lehren des Buddha verschiedentlich aufgenommen. Dabei wurde er dahingehend radikalisiert, dass nicht nur den Personen, sondern allen Dingen ein unvergängliches Wesen fehle, sie seien also »leer« (*śūnya*; p. *suñña*). Dieser Gedanke wurde in der ersten Hälfte des 1. Jahrtausends n. Chr. zu wirkmächtigen philosophischen Lehrgebäuden ausgebaut. Er bestimmt prominente Positionen, die die weitere Entwicklung des Buddhismus in Zentral- und Ostasien entscheidend prägten.

Im 2./3. Jahrhundert entwickelte sich mit Nagarjuna (vermutlich zwischen 150 und 250 n. Chr.) das *Madhyamaka* (die »mittlere« Philosophie). Im 4. Jahrhundert, begründet unter anderem von Asanga (ca. 320–390), kam das *Yogācāra* (»Das Ausüben des Yoga«, auch bekannt als *Cittamātra*, »Nur-Geist«), dazu. Beide avancierten zu Hauptschulen buddhistischer Philosophie, die außerhalb Indiens, insbesondere in China und Tibet, weitergeführt wurden. Ihr Einfluss auf den Mahayana-

Buddhismus lässt sich kaum überschätzen – zu dessen Charakteristika gehören neben dem Bodhisattva-Ideal die Ausweitung der *anātman*-Lehre zur *śūnyatā*-Lehre und die Radikalisierung der Identifikation von Buddha und Dharma zur dreistufigen Buddhologie (*trikāya*).

Die *Madhyamaka*-Schule (chin. *Zhongguan pai*; tib. *dbu ma*) vertritt gegenüber dem Konzept eines unvergänglichen Selbst auf der einen und dem des endgültigen Verlöschens nach dem Tod auf der anderen Seite die »mittlere« (*madhyamaka*) Position des »Entstehens in Abhängigkeiten«. Aus ihr wird abgeleitet, dass alle Dinge hinsichtlich eines beständigen Wesens leer seien: Sie haben keine wirkliche Substanz, sondern existieren bloß als konzeptuelle Konstrukte.

Die *Yogācāra*-Schule (chin. *Faxian zong*; tib. *rnal 'byor spyod pa*) versucht, die begriffskritische Konzentration der Madhyamaka-Philosophie zu vermeiden, und beschäftigt sich neben der Logik vor allem mit erkenntnistheoretischen Problemen. Dabei vertritt sie die Position, dass es weder ein reales Objekt außerhalb der Erfahrung noch ein Subjekt der Erfahrung gebe. Den Wahrnehmungsprozess erklärt sie mit Hilfe eines postulierten Grunderkennens oder »Speicherbewusstseins« (*ālayavijñāna*). Sie geht davon aus, dass der Geist beziehungsweise das Bewusstsein eine Deutung der Wirklichkeit konstruiert, die wir für die Wirklichkeit selbst halten. Meditative Übungen sollen durch Aufdeckung dessen zur vollständigen Erkenntnis führen.

In den Gesprächen, die Brian und ich im Tea House geführt hatten, war es um diese Themen gegangen. Brian beschäftigte sich damals mit der um die Zeitenwende neu entstandenen Literaturgattung der Sutras von der »Vollkommenheit der Weisheit« (*Prajñāpāramitā* Sutras). Sie handeln vom Entwicklungsgang des Bodhisattvas, so wie er durch sechs »Tugenden« oder »Vollkommenheiten« (*pāramitā*) charakterisiert ist. Brians Lieblingstext war das berühmte »Herz-Sutra« oder »Sutra der höchsten Weisheit« (*Prajñāpāramitā Hṛdayasūtra*), das als Essenz der Prajnaparamita-Texte gilt. Darin geht es, vor dem Hintergrund frühbuddhistischer Inhalte, um den Durchbruch zur allumfassenden Erfahrung der »Leerheit« (*śūnyatā*) als »Soheit« (*tathātā*) der Wirklichkeit. Brian hatte es in seiner chinesischen Fassung *Xinjing* auswendig gelernt, um es bei Andachten und anderen Anlässen im GBBCC frei rezitieren zu können.

Ich schenkte Susan eine Schale Chrysanthementee ein. »Brian faszinieren insbesondere die buddhistischen Anschauungen zur ›Natur der Wirklichkeit‹«, erklärte ich.

Susan starrte mich an. Ihr Gesichtsausdruck zeigte, dass ihr nicht behagte, was ich gesagt hatte. Brians intensive Hinwendung zum Buddhismus war ihr zutiefst suspekt. »Wir werden uns voneinander entfremden«, sagte sie missmutig. Sie drehte den Kopf zur Seite und sah sich im Tea House um. An den Wänden hingen Gemälde lokaler Künstler. In der Tiefe des Raums befand sich eine Bücherecke, in der zwei Nonnen in ockerfarbenen Roben saßen.

Als Susans Blick auf eine junge Frau asiatischer Abstammung neben uns fiel, drehte sie sich wieder zu mir. Unsere Tischnachbarin las ein Buch des in Sri Lanka ordinierten US-Amerikaners Bhikkhu Bodhi (geb. 1944), der zu den bekanntesten westlichen Übersetzern und Gelehrten der Theravada-Tradition gehört und etliche Studien zu Lehrreden des Buddha und anderen Schriften des Pali-Kanon vorgelegt hat. »Das Buch hatte Brian auch schon auf seinem Nachttisch«, flüsterte Susan.

»Warum interessiert sich Brian denn so für den Buddha und seine Lehre?«, nahm ich den Faden auf, während ich nach den

Essstäbchen griff, um die Mahlzeit zu beginnen. Susan legte den Kopf in den Nacken und dachte nach. »Weil er gegenüber anderen Weltanschauungen seiner Zeit einen kritischen Standpunkt vertrat«, antwortete sie schließlich. Und, fuhr sie fort, ihm imponiere, dass der Buddha sich nichts habe vormachen lassen – »der wollte es wirklich wissen, meint Brian«. Er habe ausgetretene Pfade verlassen, durch eigene Erfahrungen gelernt und sich mit seiner Erkenntnis an alle gerichtet.

Sie sah mich forschend an. Ich nickte. Diese Meinung über den historischen Buddha hörte ich nicht zum ersten Mal. Sie ist weitverbreitet und – wenn auch häufig überformt von modernen Buddha-Vorstellungen, die auf westlicher Kritik an der eigenen Kultur beruhen – nicht unbegründet.

Gautama und der »Mittlere Weg«

Gautama, der für sich selbst die Bezeichnung *Tathāgata* (der ›So Gegangene‹) wählte und den seine Anhänger meist *Bhagavā* (›Erhabener, Herr‹) nannten, trat der Überlieferung nach selbstbewusst als ein Buddha auf, der den Dharma verkündete, indem er bestimmten Phänomenen seiner Zeit gegenüber kritisch Position bezog. Die kanonischen Texte lassen zwar Raum für Spekulation über ihn als historische Person, doch sie zeigen relativ übereinstimmend, dass er sich von einer Reihe kultureller und gesellschaftlicher Gegebenheiten distanzierte, wohingegen er seine eigene Sicht als überlegen darstellte. Zum Beispiel erhob er Einwände gegen bestimmte Aspekte der damaligen brahmanischen Weltsicht wie den Abstammungsdünkel der priesterlichen Elite und ihre Vorliebe für Tieropfer.

Eine Rolle spielten dabei Auseinandersetzungen um die Vormachtstellung innerhalb der kulturellen und religiösen Vielfalt in den Gebieten, in denen der Buddha wirkte. Die Brahmanen traten mit dem Anspruch auf, an der Spitze der Gesellschaft zu stehen und diese Ordnung, die Teil der kosmischen Ordnung sei, durch Opferrituale für die Götter des Rigveda zu schützen. Sie waren mit ihrem Gesellschaftsmodell seinerzeit vor allem in westlichen Teilen Indiens erfolgreich, ihr Einfluss begann sich aber auch in östliche Richtung zu erstrecken.

Daneben gab es zahlreiche andere Akteure, die statt des kultischen Opfers oder ergänzend zu ihm ein »inneres Opfer«, die Askese, praktizierten und dabei unterschiedlichen Lehren folgten. Manche von ihnen sympathisierten mit der vedisch-brahmanischen Tradition, die an Präsenz gewann, oder vertraten sie sogar. Andere nahmen nachdrücklich von ihr Abstand und betrachteten die Opferrituale mit ihrer Konzentration auf diesseitige Vorteile und Obliegenheiten als bedeutungslos. Sie strebten nach »Erlösung« (*mokṣa*) vom Kreislauf der Wiedergeburten abseits der Institutionen, die vom Brahmanentum, der Autorität der Veden und der sozialen Gliederung, aus der das spätere Kastensystem hervorging, bestimmt waren.

Der Pali-Kanon vermittelt ein Bild Gautamas als Sohn lokaler Potentaten, der in diese Verhältnisse hineingeboren wurde sowie in Auseinandersetzung mit ihnen handelte und lehrte. Sein Vater Shuddhodana war das gewählte Oberhaupt der Shakya-Republik von Kapilavastu, die dem Reich des Königs von Kosala angegliedert war. Warum Gautama sich mit etwa 29 Jahren aus diesen Zusammenhängen löste, lässt sich historisch nicht feststellen. Er tat es aber und wurde Wanderasket. Als solcher lernte er zunächst bei erfahrenen Lehrern, übte dann aber, als er unter ihrer Anleitung nicht zur erhofften Einsicht fand, für sich alleine – und fand, wie die Schriften in Abgrenzung von konkurrierenden Lehren und Praktiken betonen, eigenständig den Weg des Erwachens.

Sein Auszug in die Hauslosigkeit war damals ein üblicher Schritt für diejenigen, die nach spiritueller Vervollkommnung oder Erlangung magischer Fähigkeiten strebten. Sein Ziel – die Überwindung des Leidens – war von der Anschauung der Fortexistenz der Seele nach dem Tod geprägt, die im Kontext der damaligen Asketenbewegung verbreitet war. Man glaubte, die Seele verlasse nach dem Tod eines Menschen seinen Körper und werde, abhängig vom Karma, das in jedem Leben angehäuft werde, in einem neuen Körper wiedergeboren. Die Lebensform der Samanas (*śramaṇa*; p. *samaṇa*, »einer, der sich anstrengt«), denen sich Gautama anschloss, war davon tiefgreifend geprägt: Sie lebten in den Wäldern, um dort mit Hilfe bestimmter Übungen die Befreiung aus dem Samsara zu erlangen.

Die Lehre des Buddha, so wie sie die frühesten Texte darstellen, schloss daran an. Sie griff Teile des gängigen Glaubens auf und befürwortete ein alternatives asketisches Leben. Zugleich übte sie an beidem Kritik, indem sie einen »Mittleren Weg« (*madhyamā pratipad*; p. *majjhimā paṭipadā*) zwischen ausschweifendem Luxus und allzu rigoroser Askese vorschlug, der ohne den strengen Ritualismus der Brahmanen auskommen sollte.

Diese Zurückweisung extremer Anschauungen verschaffte Gautama, der den Anspruch hatte, konkurrierenden Priestern und Asketen gegenüber *die* Möglichkeit zur Erlösung aus dem Wiedergeburten-Kreislauf aufzuzeigen, Zulauf aus verschiedenen Bereichen der Gesellschaft. Seine Lehre erwies sich in ihrer sozialen Mehrsprachigkeit als vielfach anschlussfähig,

Gautamas Lebensdaten

Die Lebensdaten des Buddha weichen in den Quellen stark voneinander ab. Der »unkorrigierten langen Chronologie« nach, die sich in den Chroniken Sri Lankas findet, starb er etwa 544/543 v. Chr., woran bis heute viele Traditionen in Süd- und Südostasien festhalten. Das liegt auch daran, dass die buddhistische Zeitrechnung, die vor allem in den südlichen Ländern des Buddhismus (Sri Lanka, Myanmar, Thailand etc.) verwendet wird, mit dem Todesjahr Gautamas beginnt. Laut der »korrigierten langen Chronologie« lebte er bis etwa 483 v. Chr., laut der »kurzen Chronologie« bis etwa 368 v. Chr. In der Buddhologie des 21. Jahrhunderts wird zumeist von einem späten Todesjahr ausgegangen und eine Lebensspanne von 80 Jahren auf etwa 450–370 v. Chr. angesetzt, auch wenn jüngste Ausgrabungen auf das 6. Jahrhundert zurückverweisen könnten.

wurde in verschiedenen Zusammenhängen geschätzt – und die mönchisch geprägte Gemeinschaft um ihn wuchs stetig. Die Bildung zahlreicher weiterer Gemeinschaftsformen nach seinem Tod, die Medialisierung und Kanonisierung von Lehrreden und Verhaltensregeln in schriftlicher Form sowie die Entstehung und Kultivierung zahlreicher Praxisformen legten sodann das Fundament für das moderne Verständnis des Buddhismus als Religion.

»Das alles ist für Brian unerheblich«, behauptete Susan, die mir aufmerksam zugehört und gelegentlich Fragen gestellt hatte. Geschichtliche Entwicklungen seien für ihn »irrelevant«, setzte sie hinzu und erzählte von einem Ereignis der Woche zuvor. Nachdem ihr aufgefallen war, dass die Lebensdaten des Buddha umstritten sind und es in der Forschung wiederholt Kontroversen darüber gegeben hat, ob er tatsächlich eine historische Persönlichkeit war, hatte sie sich in Andover Library, der reich ausgestatteten Fachbibliothek der Harvard Divinity School, durch Aufsätze zum Thema gearbeitet und Brian schließlich auf die Problematik angesprochen. Der aber hatte nur mit den Achseln gezuckt: Man sei zu Lebzeiten und kurz nach dem Tod des Buddha eben nur an seiner Lehre interessiert gewesen, erwiderte er knapp, nicht an seinem Leben.

»Das heißt«, räsonierte Susan, »dass Brian die Möglichkeit, dass es den Buddha nie gegeben haben könnte, schlichtweg ignoriert. – Und das«, sagte sie verdrießlich, während sie den letzten Streifen blanchierten Pak Chois auf ihrem Teller verspeiste, »obwohl diese Möglichkeit *sehr* wahrscheinlich ist.« Immerhin wisse man über seine Geburt, Kindheit und Jugend »historisch rein gar nichts – es gibt ja überhaupt keine Quellen aus der Zeit«, betonte sie. »Mit wachsender Traditionsbildung wurde dafür umso wilder fabuliert.« Sie schwieg eine Weile, während die Bedienung unsere leeren Teller gegen zwei Portionen gedämpften Klebreis austauschte, der kunstvoll in Bananenblätter gewickelt war.

»Ich weiß ja nicht, was Brian in den nächsten zwei Wochen über die Geburt des Buddha zu hören bekommt«, schloss Susan, als wir die Bananenblattpäckchen öffneten. »Aber historisch glaubwürdig ist es bestimmt nicht!«

Die Entfaltung des Buddha-Lebens in der Überlieferung

Zwar greift Susans Schluss, der Mangel historisch zuverlässiger Quellen deute auf eine Erfindung der historischen Person hin, zu kurz, doch hatte sie, was die Überlieferungslage angeht, nicht unrecht. Einen unmittelbaren Zugang zur Zeit des Buddha gibt es nicht, nur ausschließlich vermittelte Überlieferungen. Selbst die ältesten Sutras sind erst um die Zeitenwende schriftlich fixiert worden, nachdem ihre Inhalte über Jahrhunderte nur mündlich tradiert wurden.

Auf das Leben des Buddha nehmen die Quellen in unterschiedlicher Art und Gewichtung Bezug. Der belgische Forscher Étienne Lamotte (1903–1983) hat fünf Schichten der Entfaltung des klassischen Buddha-Lebens unterschieden. Zu den Texten der beiden älteren Schichten, die allenfalls Ansätze einer Lebensdarstellung enthalten, gehören Lehrreden aus dem Pali-Kanon, deren Sanskrit-Parallelen und Übersetzungen ins Chinesische und Tibetische sowie Texte zur Ordensregel. In der mittleren Schicht dagegen, die ab der Zeitenwende anzusetzen ist, sind bestimmte Ereignisse und Begebenheiten aus den frühen Überlieferungen aneinandergereiht und zu ausgeschmückten Darstellungen zusammengefasst.

Von diesen Darstellungen, die Teile des Lebens des Buddha zum Gegenstand haben, sind zwei Texte besonders bekannt, die sich auf die Zeit von der Geburt bis zum Gemeindeaufbau konzentrieren: das *Mahāvastu*, »[Das Buch] der großen Begebenheit«, und der berühmte *Lalitavistara*, »Die ausführliche Erzählung vom Spiel [des Buddha]«. Beide sind Kompositionen, die nach mehreren Jahrhunderten der Bearbeitung wohl im 4. Jahrhundert n. Chr. abgeschlossen worden sind. Beide bilden ihrerseits die Grundlage für Zeugnisse der jüngsten Schichten, darunter außerhalb Indiens entstandene Viten der fünften Schicht mit ceylonesischen, zentralasiatischen, chinesischen, tibetischen und thailändischen Zeugnissen. Diese Quellen sind meist reich ausgeschmückt und vermitteln ein umfassendes Bild vom Leben des Buddha, das von mythischer Überhöhung und Legende getragen ist. Zu den bekanntesten Texten gehört die *Nidānakathā* aus Ceylon, die kommentierende Einleitung zur Jataka-Sammlung, die eine Hauptquelle der Theravada-Schule zum Leben des Buddha mit seinen früheren Existenzen darstellt.

Die jüngere Buddhismusforschung hat wiederholt darauf hingewiesen, dass die Mythisierung des Buddha, zu der es im Verlauf dieser Herausbildung einer ›Gesamtbiographie‹ gekommen ist, sehr früh eingesetzt hat. Dass der Buddha in den ältesten indischen Traditionen als normaler Mensch galt und erst in späteren Darstellungen anderer Kulturen eine Vergöttlichung erfuhr, ist eine wissenschaftliche Konstruktion, die im 19. Jahrhundert wurzelt. Schon in den Texten der ersten Jahrhunderte schriftlicher Überlieferung ist das Leben des Buddha typisierend, legendarisch und mit mythischer Kosmologie angereichert. Bestimmte Elemente dieser Anreicherung haben sich bewährt. Andere sind, je nach beabsichtigter Aussage, hinzugetreten oder weggefallen.

Noch im indischen Buddhismus ist dadurch eine Vita mit wunderbaren Zügen entstanden, in der sich bestimmte standardisierte Schlüsselereignisse (wie Herabkunft aus dem Tushita-Himmel, Geburt, Erwachen) und Orte (wie Lumbini und Bodhgaya), die für den Weg des Buddha besondere Bedeutung haben, wie Eckdaten verbinden. Der Buddha ist in dieser Vita aus der menschlichen Sphäre herausgehoben und in kosmische Zusammenhänge eingespannt. Er verfügt über Siddhi, Allwissenheit sowie besondere körperliche Merkmale, die ihn von gewöhnlichen Menschen unterscheiden. In seinem Leben kommt es immer wieder zu wunderbaren Ereignissen. In besonderer Dichte treten sie vor der und rund um die Geburt auf, die von kosmischen Zeichen begleitet ist.

Eine wichtige Rolle bei der Verbreitung dieser Vita hat neben der Schematisierung das Moment der Typisierung gespielt: Schon das *Mahāpadāna Sutta* des Pali-Kanon (DN 14) kennt die Idee, dass der Buddha nicht eine historische Tradition fortsetzt, sondern in einer Linie von Buddhas steht, die im Verlauf der kosmischen Zeit erscheinen und ein Leben nach einem festgelegten Schema führen. Die einzelnen Stationen in der Lebensgeschichte des Buddha sind demnach idealtypische Ereignisse im Leben eines jeden Buddhas. Wie jeden Buddha 32 »Merkmale eines großen Menschen« (p. *mahāpurisa lakkhaṇa*; zum Beispiel die Abzeichnung eines Rads auf den Fußsohlen, ein Haarwirbel zwischen den Augenbrauen, goldene Hautfarbe) kennzeichnen, verläuft jede Buddha-Vita nahezu identisch. Es variieren nur die Personen in seinem Umfeld (wie Eltern, Ehefrau, Kind/er, wichtigste Schüler) und bestimmte materielle Gegebenheiten (vor allem Bäume, unter denen wichtige Ereignisse wie die Geburt und das Erwachen stattfinden) – Zeichen, die in bildlichen Darstellungen jeweils die Identifikation des dargestellten Buddhas ermöglichen.

Diese Idee hat, verbunden mit der Vorstellung, dass es sich um eine bestimmte Anzahl von typischen Lebensstationen handelt, in vielen Kulturen produktiv gewirkt. Sie ist Gegenstand von Literaturen und Künsten geworden und findet sich in zahlreichen Abhandlungen, dichterischen Darstellungen sowie kanonisierten Bildprogrammen wieder. Aus der tibetischen Kultur sind zum Beispiel Werke zur »Geschichte des Dharma« (tib. *chos byung*) zu nennen, in denen der Verlauf des Buddhismus bis zu seiner Kulmination in Tibet aus Sicht der Verfasser nachgezeichnet wird.

Das bekannteste Werk dieser Art, das des Universalgelehrten Butön (*Bu ston*, 1290–1364), ist eine der wichtigsten Quellen zur Geschichte des tibetischen Buddhismus. In der Theravada-Tradition wird zumeist von einem festen Set von acht Schlüsselereignissen ausgegangen, wohingegen Butöns Schematisierung das Leben eines Buddhas in »Zwölf Taten« (*dvadaśabuddhakārya*; tib. *mdzad pa bcu gnyis*) unterteilt.

Der Buddha als zeitlos-erlöstes Wesen

»Du hast also recht, Susan«, schloss ich, nachdem wir uns über diese Entwicklungen unterhalten hatten. »Im Sinne historischer Rekonstruktionen glaubwürdig sind die Lebensbeschreibungen des Buddha nicht. Aber«, setzte ich hinzu, »das sollen sie auch gar nicht sein.« Susan runzelte die Stirn. »Worum geht es dann?«, fragte sie.

»Um den Weg eines Menschen – wenn ich mich einmischen darf –, der ein Buddha wird. Er ist über mehrere Leben so weit gekommen, dass er diesen Weg jetzt zu gehen vermag. Und er geht ihn als Vorbild.« Wir sahen überrascht auf. »Darf ich mich vorstellen?«, sagte die junge Frau am Nebentisch. »Ich bin Yin aus Taipeh. Bitte verzeiht«, setzte sie hinzu. »Aber ich habe euer Gespräch zufällig mitgehört.«

Wir baten Yin an unseren Tisch. »Wisst ihr«, sagte sie, während sie zwischen uns Platz nahm, »ich komme aus einer buddhistischen Familie und habe mich immer gefragt, was es mit diesen Darstellungen auf sich hat.« Einerseits werde betont, dass der Buddha ein Mensch war. Andererseits habe er eindeutig überirdische Züge – »und seine Geburt ist ein großes kosmisches Fest«. In den Geschichten, die sie seit ihrer Kindheit kenne, fuhr Yin fort, regne es dabei Blumen vom Himmel, Sphärenmusik ertöne und es ereigne sich im Beisein zahlreicher Buddhas und Götter ein Feuerwerk an wundersamen Begebenheiten.

»Und was denkst du darüber?«, fragte Susan. Yin, die mit einem Kurzzeitstipendium in Cambridge studierte, hatte ihr Interesse geweckt. Sie war ihr, wie sie später berichtete, schon in der Andover Library aufgefallen, wo Yin, umgeben von Bücherstapeln zum Buddhismus, mehrfach in ihrer Nähe gesessen hatte.

Yin zögerte kurz, dann erwiderte sie: »Dass hier die typische Menschwerdung eines Buddhas erzählt wird. Zu ihr gehören bestimmte typische Merkmale, die seine Außergewöhnlichkeit und Verehrungswürdigkeit anzeigen.« Sie sollen den Buddha gegenüber Leitgestalten konkurrierender Bewegungen wie des Jainismus, der etwa im 6./5. Jahrhundert v. Chr. in Indien entstand, von Anfang an auszeichnen. Und sie sollen uns in Erstaunen und Verzücken versetzen – Zustände, die uns motivieren, den Grund für das leidvolle Dasein erkennen und zur Befreiung finden zu wollen.

Yin holte aus ihrer Tasche eine Textsammlung und legte sie auf den Tisch. Es war eine Anthologie mit englischen Übersetzungen historischer Quellen zum Leben und Wirken des Buddha. »Keine buddhistische Tradition hat je eine Beschreibung des Lebens des Buddha zu geben versucht, um ihn als gewöhnlichen Menschen zu präsentieren«, sagte sie, indem sie auf das Buch tippte. »Das lag einfach nie im Interesse der Anhängerschaft des Buddha. Es lag daher auch nicht in ihrem Interesse, die Geschichte eines Menschen zu erzählen, der von einem Vater mit einer Mutter gezeugt und von dieser geboren wurde.« Sie schlug die Anthologie auf und las einige Passagen vor.

Ich nestelte aus meiner Tasche mein Heft hervor und machte Notizen. Yin hatte recht. Eine solche Darstellung des Buddha hatte im Interesse der Pioniere der Buddhismuskunde im 19. Jahrhundert gelegen. Sie waren dafür eingetreten, dass es sich bei Gautama nicht etwa, wie gemutmaßt worden war, um eine mythologische Figur, sondern eine historisch bezeugte Person handelt, und hatten als Beleg den Pali-Kanon herangezogen. Eben dort aber finden wir mehrere einschlägige Beispiele für die Sichtweise, dass der Buddha weit mehr als ein gewöhnlicher Mensch ist.

Eines bildet das erwähnte *Mahāpadāna Sutta* über die sechs Vorgänger des Buddha. Ein weiteres, explizit auf den Buddha bezogenes, ist das *Acchariyabbhutadhamma Sutta* des Pali-Kanon (MN 123). Darin wird erzählt, wie jeder zukünftige – und so auch der historische – Buddha unter unermesslichem Glanz in die Welt herabkommt: Er durchläuft nicht die Embryonalphasen, sondern wartet im Mutterleib auf seine Geburt, die unbefleckt von Blut und Plazenta erfolgt. So zur Welt gekommen, wird er von Göttern in Empfang genommen; außerdem wird seiner Mutter und ihm aus zwei Regenströmen aus den Wolken ein Wasserguss gemischt. Der Neugeborene ist sogleich in der Lage, zu gehen und zu sprechen. Sodann verkündet er, der Höchste, der Hehrste, der Erste in der Welt zu sein und nun sein letztes Leben zu leben.

Dieses von Reinheitsvorstellungen getragene Narrativ ist in Texten späterer Jahrhunderte ausgeschmückt worden. Als besonders wirkmächtig hat sich dabei der bereits erwähnte *Lalita-*

vistara erwiesen, dessen Inhalt als Lehrrede des Buddha vor großem Publikum, darunter Göttern und Bodhisattvas, gilt.

Der Text, von dem Yin kleinere Teile aus ihrer Anthologie ebenso vorlas wie Auszüge aus den beiden genannten Suttas des Pali-Kanon, zeichnet den Buddha als zeitlos-erlöstes Wesen, das von vornherein über vollkommenes Wissen verfügt. Den Weg zur Erkenntnis hat er nur »zum Schein« durchlaufen, um den Menschen zu helfen. Sein Erscheinen auf der Erde ist – wie schon der Werktitel »Ausführliche Erzählung von dem Spiel (des Buddha)« mit dem Sanskritwort *lalita* anzeigt – als göttliches »Spiel« dargestellt, in dem er sich der Welt spielerisch anverwandelt. Dazu gehört, dass er, wie von seiner Mutter Maya geträumt, in ihren Schoß in Gestalt eines weißen Elefanten eintritt. Dann sitzt der Buddha, umringt von Göttern, die ihn schützen, mit überkreuzten Beinen in einem palastartigen Edelsteingehäuse, das alle Verunreinigungen von ihm fernhält. Die Geburt selbst erfolgt nach zehn Monaten, indem er aus der rechten (reinen) Seite der Mutter austritt sowie von den Göttern Indra und Brahma persönlich willkommen geheißen wird. Als er die Erde betritt, bricht ein Lotus hervor, auf dem er dann steht, während er in alle vier Himmelrichtungen blickt. Zudem sprießen überall, wo er bei seinen ersten Schritten den Fuß hinsetzt, Lotusblüten hervor (Lv 6 und 7).

Ich erwähne diese Passagen hier auch deshalb, da die in ihnen enthaltene Darstellung im Zuge vielfältiger Wechselwirkungen zwischen Text und Bild eine große Breitenwirkung über den indischen Buddhismus hinaus hatte. Der Text wurde mehrfach ins Chinesische, Tibetische und Mongolische übersetzt, und Varianten der Erzählung finden sich auch in anderen prominenten Texten, beispielsweise dem Sanskrit-Kunstgedicht *Buddhacarita* (»Wandel/Lebensgang des Buddha«) von

Ausschnitt aus den 120 Borobodur-Reliefs, die das Leben des Buddha im Stil des Lalitavista erzählerisch ins Bild setzen: Der Bodhisattva im Lotussitz im Schoß von Maya, beidseits umgeben von je einem Himmelswächter und Göttern, die durch die Lüfte fliegen und auf dem Boden sitzen.

Ashvagosha (um 80 – um 150). Bis heute werden Versionen dieser Darstellung gerne und häufig erzählt. Nicht zuletzt im Fo Guang Shan-Tempel von Cambridge habe ich sie bei Andachten und Festen gehört.

Auch in der Bildkunst zeigt sich die Wirkung. Das berühmteste, von der Lebensdarstellung des *Lalitavistara* beeinflusste Monument in Südostasien ist der Borobodur auf Java, der zwischen 760 und 830 n. Chr. errichtet und nach seiner Wiederentdeckung und Wiederherstellung im 19. und 20. Jahrhundert von der UNESCO 1991 als Weltkulturerbe anerkannt wurde. Dabei handelt es sich um eine Kombination aus Stupa und dreidimensionalem Mandala mit Treppenfluchten und Aufgängen an seinen vier Seiten, die sich über einem quadratischen Fundament von ca. 120 × 120 Metern erheben. Eine Lebensbeschreibung des Buddha nach Art des *Lalitavistara* findet sich in 120 Reliefs auf der ersten Galerie über dem quadratischen Fuß des Monuments.

»Von wegen der *›historische‹* Buddha!«, sagte Susan zu mir, nachdem Yin die Anthologie wieder zugeklappt hatte. »Diese Texte zeigen doch, dass das alles«, sie betonte jedes einzelne Wort, *»unhistorisch* ist.« Sie wandte sich an Yin. »Es ist *erfunden – Mythos, Legende,* Erzählung des *Volks*! – Meinst du nicht?«

»Weißt du«, erwiderte Yin, »die Problematik der historischen Evidenz interessiert mich weniger als die buddhistischen Anliegen und Aussagen und wie sie in solchen Texten zum Ausdruck gebracht werden.« Die Frage, inwieweit die Legenden, die sich um den Buddha ranken, Auskunft über ihn als historische Person geben, habe zwar viele wichtige Studien hervorgebracht, fuhr sie fort. Und es sei gelungen, historische Fakten aus dem buddhistischen Erzählschatz herauszuarbeiten, die auf sein Leben und Wirken in einem bestimmten Umfeld schließen lassen. »Das Bemühen, solche Fakten trennscharf von fiktiven Elementen scheiden zu wollen, kann einem Verständnis des Buddhismus aber auch im Wege stehen.«

Yin wies auf die Anthologie vor uns. Für sie sei klar, dass die Überlieferer der frühesten Pali-Texte und erst recht die späteren Verfasser umfänglicher Buddha-Biographien kein historisches, sondern ein religiöses Interesse am Buddha hatten.

Susan beugte sich interessiert zu Yin hinüber: »Das ist durchaus plausibel.« Yin nickte. »Auf den Spuren des historischen Buddha zu wandeln, um historische Realität von Legendenbildung zu trennen, kann in vielerlei Hinsicht nützlich sein«, erklärte sie. Es sei aber dann nicht zwingend hilfreich, wenn man Geschichten lese oder höre, in denen – hier unterbrach sie sich, und ich nutzte die Gelegenheit, um Susans Formulierung vom Gesprächsbeginn aufzunehmen – »... in denen es von übermenschlichen Wesen nur so wimmelt«. Yin lachte. »Genau! – Die vielen Wesen haben eine Funktion«, sagte sie. Das werde zum Beispiel daran deutlich, dass sie zum Publikum des Buddha gehören.

In der Tat sind dem Buddha in Text und Bild regelmäßig Menschen und andere Wesen beigesellt. Ihrem Vorkommen im Pali-Kanon nach lassen sie sich grob in drei Kategorien einteilen: erstens Mönche und Laienanhänger, die er bereits für seine Sache gewonnen hat und nun vertiefend unterweist; zweitens Priester und Asketen, denen er seine Erkenntnisse unter Kritik herrschender religiöser und gesellschaftlicher Dogmen nahezubringen sucht; und drittens, wie etwa bei den Geburtsgeschichten, Wesen der indischen Mythologie – höhere, Brahma genannte Gottheiten ebenso wie niedere Götter, die Devas, und viele weitere übermenschliche Gestalten. Manche von ihnen begegnen uns besonders häufig. Zu ihnen gehört die weitläufige Klasse der Yakshas, Naturgeister, die nicht nur wohlwollend, sondern auch aggressiv auftreten können. Weiterhin zählen dazu die schlangenartigen Nagas, die sich an Übergängen, Schwellen und Türen aufhalten und jederzeit menschliche Gestalt annehmen können. Und nicht zu vergessen sind die Asuras, besonders streitsüchtige Geister, die sich regelmäßig Scharmützel mit den Devas liefern.

Nehmen wir Darstellungen, in denen es, wie Susan es formuliert hatte, »von übermenschlichen Wesen nur so wimmelt«, näher in den Blick, zeigt sich, dass viele von ihnen zwar mit besonderer Macht und Lebensdauer, manche auch mit großer Glücksfülle ausgestattet sind. Sie alle aber unterliegen dem Kreislauf von Tod und Wiedergeburt. Wie die Menschen sind sie erlösungsbedürftig. Auch für sie liegt Aussicht auf Heil in der Lehre des Buddha; ist doch sein Handeln auf die Beendigung des Leidens *aller* Wesen ausgerichtet. Indem Buddhistinnen und Buddhisten diese Botschaft aufnehmen und weitergeben, verknüpfen sie die Geschichte des Buddha, die durch das Erzählen erinnert und überliefert wird, mit ihrer eigenen Geschichte, die der buddhistischen Lehre nach die unabgeschlossene Geschichte der Wiedergeburt und des Wiedertods aller erlösungsbedürftigen Wesen ist.

»Wenn man sich das vergegenwärtigt«, schloss Yin, »besteht kein Zweifel: Es ist die *übermenschliche* Gestalt mit ihrem Heilsversprechen, die *historische* Wirksamkeit erlangt hat.« So verstehe sie den Ausdruck »historischer Buddha«, fügte sie hinzu. Wann genau der Buddha historisch gewirkt habe, sei demgegenüber zweitrangig.

Susan und ich haben Yin nach jenem Nachmittag nicht mehr wiedergesehen, da sie bald darauf nach Taiwan zurückkehrte, um ihr Studium der Literaturwissenschaft abzuschließen. Doch haben wir noch häufig von ihr gesprochen. »Yins Begeisterung für die Materie war geradezu ansteckend«, sagte Susan zwei Jahre später, als Brian in kleiner Runde aus seinem Buch las, das er inzwischen geschrieben hatte. Ihre Befürchtung, Brian und sie würden sich entfremden, hatte sich nicht bewahrheitet. Im Gegenteil: Nachdem sie die mit Yin begonnenen Gespräche mit Brian fortgesetzt hatte, weihte er sie in sein Buchprojekt zum Buddhismus ein – und sie begleitete es engagiert bis zur Drucklegung. Vielleicht hat das Buch ja seinen Weg in die Buchläden von Taipeh gefunden und Yin hat es gelesen.

Auf den Kontext kommt es an

Mir selbst ist bei jenem Gespräch mit Yin im Tea House einmal mehr deutlich geworden, dass Erzählungen wie die Geburtslegende wichtige Zeugnisse der religiösen Innensicht sind. Anstatt nur danach zu fragen, ob das, was in ihnen erzählt wird, tatsächlich passiert ist, gewinnen wir viel mehr, wenn wir sie als wertvolle hagiographische Quellen ansehen. Das gilt für Narrative über den Buddha ebenso wie für solche, die von Heilsgestalten wie Padmasambhava handeln. Sie geben uns Einblick in das, was im Zuge der Verbreitung des Buddhismus in den jeweiligen gesellschaftlichen und kulturellen Kontexten geglaubt wurde, und vermitteln uns Kenntnis von der Intention ihrer Erzähler.

Noch in der Gegenwart werden buddhistische Glaubensgeschichten immer wieder neu erzählt. Ein wesentlicher Grund für ihre Anziehungskraft und ihren Einfluss liegt darin, dass sie auf mehreren Ebenen gleichzeitig zu wirken vermögen. Sie können für bare Münze genommen oder als bildhafte Veranschaulichungen buddhistischer Lehrinhalte aufgefasst und verschiedentlich gedeutet werden. Daraus ergibt sich ein Spielraum, der sich als äußerst produktiv erwiesen hat: Im Laufe ihrer Entdeckung, Übertragung und Umformung ist im Modus des Deutens immer wieder an altüberlieferte Geschichten angeknüpft worden. Entstanden sind so zahlreiche Erzeugnisse in Text und Bild sowie Formen religiöser Alltagspraxis, die auf die Bedeutung der Erzählungen *für die Gläubigen* verweisen.

Diese Bedeutung in den Mittelpunkt der Aufmerksamkeit zu stellen, ist meines Erachtens unverzichtbar. So verhindert man, dass all das als »erfunden« verworfen und als »Mythos« oder »Legende« abgetan wird, was im Verlaufe zahlreicher historischer und gesellschaftlich-kultureller Entwicklungen das Gesicht Asiens geprägt und dem Leben zahlloser Menschen in kulturell so unterschiedlichen Ländern wie Sri Lanka und Thailand, Japan und der Mongolei über Jahrhunderte Inspiration, Sinnhaftigkeit und Identität verliehen hat. Dass Tibeter in Rewalsar zum Beispiel Geschichten von Padmasambhava erzählen, ist dem Kontext der tibetischen Diaspora geschuldet. Vor 1959 gab es in Rewalsar nur einen einzigen kleinen tibetischen Tempel, doch heute hat der Ort ein vom tibetischen Buddhismus geprägtes Gesicht und ermöglicht ein Leben, das tibetischen kulturellen Werten entspricht. Wie sehr die Tibeter diese Entwicklung mit der Bedeutung Padmasambhavas legitimieren, kommt auch dadurch zum Ausdruck, dass der Dalai Lama 2012 eine weithin sichtbare Monumentalstatue des Kulturheros an der Hangseite des Seeufers installiert hat, die über Tso Pema wacht.

Mag der Buddhismus auch noch so vielfältig und uneinheitlich sein: Der Mensch ist, so hat es Alasdair MacIntyre 1981 in *After Virtue* formuliert, ein geschichtenerzählendes Tier, ein *storytelling animal*: Er weiß nur, was er tun soll, wenn er eine Antwort auf die Frage geben kann, als Teil welcher Geschichten er sich sieht. Das Geschichtenerzählen hat dementsprechend eine lange Tradition der institutionalisierten Vermittlung quer durch die verschiedenen Strömungen des Buddhismus. Anzunehmen, die buddhistischen Geschichten kursierten »im Volk« ohne Zutun des Klerus, der sich allein mit Meditationstechniken oder philosophischen Konzepten beschäftigte, ginge an der sozialen Wirklichkeit vorbei. In allen Klöstern, in denen ich mich in Asien aufgehalten habe, hat die Praxis religiösen Erzählens, so verschieden die jeweils gewachsenen Buddhismen sind, einen großen Stellenwert. Die Geschichten werden von Mönchen und Nonnen bewusst gepflegt und in ritualisierten Formen an ein breites Publikum weitergegeben. Dabei werden erzählerische Formen von Transzendenz erzeugt und Vergangenheit, Gegenwart und Zukunft miteinander verbunden. Bestehende Institutionen, Normen und Kulte werden in zeitliche und überzeitliche Dimensionen eingebettet, gegenwärtige mit historischen Personen und Gottheiten in Konstellation gebracht, geschichtliche Ereignisse mit Verheißungen enggeführt. Die Zusage, die auf diese Weise gemacht wird, beinhaltet nichts weniger, als dass jedes Lebewesen, das weiß, was zu tun und was zu lassen ist, früher oder später die Buddhaschaft zu erlangen vermag.

Wie die Geschichten sind auch die buddhistischen Übungen und Rituale, die dies zu erreichen helfen sollen, höchst verschieden. Aus einem Kontext in einen anderen verbracht, weichen sie je nach örtlichen und zeitlichen Gegebenheiten voneinander ab – selbst wenn ihre Bezeichnungen zu belegen scheinen, dass sie identisch sind. »Chan« zum Beispiel ist nicht »Zen«, und »Zen« nicht »Zen«, zumal nicht in dem Maße, wie die herkömmliche Form religiöser Organisation aufgegeben wird, deren Dharma-Verständnis, Ethik, Ritualwesen und Erzähltradition den Unter- und Überbau einer Meditationsmethode und der Erfahrungen, die sie ermöglichen soll, bilden. Die Praxis eines Katholiken in der Bundesrepublik Deutschland etwa, der im 21. Jahrhundert japanische Zen-Übungen in sein Christsein integriert, ist nicht die eines Mönches des Chan-Ordens, der im China der Qing-Dynastie (1644–1911) lebte, oder die eines Lehrers der Kwan Um Zen Schule. Ebenso unterscheidet sich die Praxis einer Yogalehrerin, die in ihrem Studio eine Applikation wie die »Plum Village: Zen Meditation«-App nutzt, von der einer Nonne der vietnamesischen Chan-Schule (*Thiền Tông*) in ihrer Pagode im Vietnam des 18. Jahrhunderts oder der einer Fo-Guang-Shan-Nonne. Die gemeinsame Bezeichnung »Zen« beziehungsweise »Chan« täuscht über die großen Unterschiede des jeweiligen Kontexts und der gesellschaftlichen und kulturellen Grundannahmen, Werte und Normen, die ihn ausmachen, hinweg.

Auf ihn, den Kontext, und die Bewegungen von einem Kontext in einen anderen, kommt es indessen an, wenn wir uns mit dem auseinandersetzen, was wir unter »Buddhismus« zusammenfassen. Konzentrieren wir uns darauf, verstehen wir besser, wie »›*der*‹ Buddhismus« in transkulturellen Flüssen von Akteuren, Ideen, Vorstellungen, Praktiken und Gegenständen der materiellen Kultur immer wieder neu geschaffen – und verändert wird.

Lektüretipps

Baumann, Martin: Deutsche Buddhisten. Geschichte und Gemeinschaften. 2., durchgesehene und aktualisierte Aufl. Marburg 1995.

Bechert, Heinz u. a.: Der Buddhismus I. Der indische Buddhismus und seine Verzweigungen. Stuttgart 2000.

Bodhi, Bhikkhu (Hrsg.): In den Worten des Buddha: Eine Anthologie von Lehrreden aus dem Pāli-Kanon. Stammbach 2008.

Brück, Michael von: Einführung in den Buddhismus. Frankfurt a. M. 2007.

Conze, Edward (Hrsg.): Im Zeichen Buddhas: Buddhistische Texte. Frankfurt a. M. 1957.

– Eine kurze Geschichte des Buddhismus. Frankfurt a. M. 1984.

Freiberger, Oliver / Kleine, Christoph: Buddhismus: Handbuch und kritische Einführung. Göttingen 2011.

Hutter, Manfred (Hrsg.): Der Buddhismus II. Theravāda-Buddhismus und Tibetischer Buddhismus. Stuttgart 2016.

– (Hrsg.): Der Buddhismus III. Ostasiatischer Buddhismus und Buddhismus im Westen. Stuttgart 2018.

Michaels, Axel: Buddha. Leben, Lehre, Legende. München 2011.

Mohn, Jürgen: »Der Buddhismus im Mahlstrom europäischen Religionsvergleichs: Religionswissenschaftliche Anmerkungen zur semantischen und normativen Konstruktion einer Fremdreligion im Kontext philosophischer und religiöser Religionstheorien«. In: Eva-Maria Glasbrenner u. a. (Hrsg.): Einheit der Wirklichkeiten. München 2009, S. 376–404.

Renger, Almut-Barbara: »Buddhismus im Rahmen staatlicher Vorgaben: Zum Leben und Wirken des Chan-Meisters Jinghui (1933–2013) in der Volksrepublik China«, in: Zeitschrift für Religions- und Geistesgeschichte 66, 3–4 (2014), S. 295–328.

Roloff, Carola u. a. (Hrsg.): Buddhismus im Westen. Ein Dialog zwischen Religion und Wissenschaft. Münster 2011.

Schäfer, Fritz / Beyerlein, Raimund (Hrsg.): Der Buddha und sein Orden. Ein Lesebuch über das Leben der Mönche, Nonnen und Laien unter der Anleitung des Buddha, nach den ältesten Überlieferungen des Pālikanon. Stammbach 2000.

Schlieter, Jens: Buddhismus zur Einführung. Hamburg 1997.

Schmidt-Leukel, Perry: Buddhismus verstehen. Geschichte und Ideenwelt einer ungewöhnlichen Religion. Gütersloh 2017.

Schneider, Ulrich: Einführung in den Buddhismus. 3., durchgesehene Aufl. Darmstadt 1992.

Waldschmidt, Ernst: Die Legende vom Leben des Buddha. In Auszügen aus den heiligen Texten. Hamburg 1991 [Berlin 1929].

Zotz, Volker: Auf den glückseligen Inseln. Buddhismus in der deutschen Kultur. Berlin 2000.

Originaltextsammlungen im Netz

http://www.digitalpalireader.online/_dprhtml/index.html
http://www.ancient-buddhist-texts.net
http://www.palikanon.com
https://www.sacred-texts.com/bud/
http://studybuddhism.com/en/tibetan-buddhism/original-texts
https://www.bdkamerica.org